薩・所・羅・蘭
神分析的人間條件叢書06

莎士比亞與精神分析（Ｉ）

打開別人的痛苦，
你的療癒會留下陪你
或遠走他鄉？

邱錦榮、王明智、
陳瑞君、陳建佑、
王盈彬、吳念儒、
劉玉文、劉又銘、
蔡榮裕／合著

談莎士比亞,對我們來說,不是要認識莎士比亞而已,我們更在意,如何透過這些經典戲碼,來讓我們看見分析治療臨床實作過程裡,某些重要經驗的深入描繪。

　　佛洛伊德的論文引用莎士比亞的份量是驚人的,他引用戲劇來說明精神分析實作過程的發現,我們在一百多年後,除了重回佛洛伊德,尋找他使用莎士比亞的方式外,此刻我們想更進一步,加進克萊因(M. Klein)、比昂(Bion)和溫尼科特(D. Winnicott)等人的重要論述,來看莎士比亞的戲劇,和精神分析實作過程,兩者想像之間的關係。

【薩所羅蘭的山】
陳瑞君、王明智、許薰月、劉玉文、魏與晟、陳建佑、劉又銘、謝朝唐、王盈彬、黃守宏、蔡榮裕

【薩所羅蘭的風】(年輕協力者)
李宛蓁、魏家璿、白芮瑜、蔡宛濃、曾薏宸、彭明雅、王慈襄、張博健、劉士銘

目錄

目錄

邱錦榮

　　《李爾王》（1606）是莎士比亞的四大悲劇之一。世代交替是生物界的定律，子女以各種形式奪取父權似乎是競爭常態，愛的言說如何實踐？愛的試煉付出多大的代價？莎翁在這齣關於天倫驟變的戲劇中，透視老化過程裡親子依附（attachment）關係的逆轉，對於老化與親子之間天倫關係驟變的演示，令人觸目驚心。本文的精神分析閱讀主要以寇哈（Heinz Kohut）自體心理學（self psychology）為理論架構，並參照自體心理學派的精神醫學教授穆司林（Hyman L. Muslin）的臨床發現，探索《李爾王》展現的老化機轉，從中發掘親子之間隱晦的幻想（fantasy）。

王明智

　　荒野中大夥進去遮風避雨的小屋，象徵著共感的命運、涵容、溫暖與團結；而這也是治療原始且困難個案的心法。此時，在這個透過團體建構的治療性空間中，夢者從較為被動的狀態轉為主動。透過扮演分析師的傻瓜還有埃德加的協助，再加上一點玩性，試著運用alpha功能，去理解自己的命運。在這個過程中，主體感覺能掌握、也可以創造。渾然不覺背後有人協助（就像李爾王獲得的協助也是悄然無

聲），或許就像Winnicott所言，母親帶給小孩的錯覺也是悄然無聲，世界是由小孩一點一滴去發現。

陳瑞君

我們是否能說，故事的悲劇本身有李爾王本身強烈的慾望與移情。李爾王這個人物的塑造本身是人生故事中我們很容易指認出來的翻版，莎翁的劇總是強烈、濃縮且精鍊，人生是經過多少比例的稀釋與沖刷，所以大部分人直覺上並不會認為李爾王的昏庸或伊底帕斯的盲目曾幾何時會有可能是我們的影子，我們會覺得這種故事通常離自己很遙遠，但是離別人比較近。診療室呢？有可能的悲劇也會等量稀釋重現在診療室裡的場景裡嗎？

陳建佑

這些精緻的言語設計，像在行動化這個沒有語言的過程中，加入了夾帶那些當初被排除在外的碎片在新的客體所說出的、看起來不屬於自己的語言中，像是潛伏在細胞中的病毒，經過特製的抗原與細胞表面的抗體結合；或許二女兒雷根描述的沒錯「他幾乎從不知道自己〔He has ever but slenderly known himself （I.i.292-293）〕」，愚人為李

爾王客製化了他能接受的「語言」，爲了讓對自己所知甚少的李爾王更接近自己的潛意識。

王盈彬

叱吒風雲的李爾王，準備把江山分給擁戴他的女兒們，是聽不進去任何不肯定國王情感的話語的。而當自戀轉變爲是屬於破碎碎片的死亡關卡之極端時，那麼僅存的生命力，需要被溫柔的對待，儘管並非是溫柔的話語。身處在這兩種極端的個人或團體，張力中存在著隨時的崩解，安全成爲一個很重要的最後底線。要接近並拆開這一個明確的炸彈，很確定的是需要一個安全的設置，然後同時有一種安全感的運作，才能萬一在兩敗俱傷之時，留下一處活命的重整之處。詮釋之處，暨是冒犯之處，也是撤退之所。

邱錦榮

莎士比亞的戲劇《威尼斯商人》（*The Merchant of Venice*）寫作時間介於1596-99，是一齣成功的舞台劇，在莎劇中搬演的頻率名列前茅。歷經四個多世紀它對觀眾持續的吸引力歸功於：通俗的主題（愛情、金錢、賭局、種族歧視），故事情節的緊湊跌宕，人物之間的利害衝突。晚近

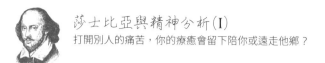

更因其中的族裔衝突以及隱晦的男性同志情誼引起學者的關注，舞台演出的詮釋也屢有新貌，非常吸睛。

吳念儒

　　然而，如果我們用某一種價值框架來看待這兩方的衝突，就好比臨床過程來說，當個案的故事裡也都只是兩方對立的故事時，這意味著個案的心裡對於自己的問題的主張仍是很原始的論點，這就涉及了分裂機制的存在所帶來的影響。只有二選一的分裂機制所帶來的難題，像是：誰善誰惡？誰好誰壞？誰真誰假？誰對誰錯？無論是金匣子或錢財利益，是否又再度回到古老的性本能和本我id的主題？與之衝突的是什麼？超我？死亡本能？道德價值？

劉玉文

　　此外，他們善於以用幽默來挪揄和面對殘酷的人生，來表達對敵人的譏諷。我想這些態度是戲謔還是幽默，非常取決於智慧，而這些外在現實與內在信仰看似矛盾不相容，卻進入共存共生、相輔相成的局面。這樣無止盡的循環，是生機還是毀滅？或者兩者是並存的。想起創作《浪人劍客》，也是畫《灌籃高手》的著名漫畫家井上雄彥，他說為了畫出

「光」，就必須描繪「影」；《浪人劍客》的主角經歷鬥爭和殺人的過程是「影」，而這是為了迎向「光」而不得不進行的殘酷過程。

劉又銘

　　但甚麼是看見？似乎光的傳遞，不只是反射形狀而已，而更是帶著彼世的訊息藉由通道前往他方。病人帶著自己的故事而來，等待治療者展現鏡映與了解的能力，這是一種演出的過程，但更令人驚訝的是，看見的能力應該不是只有光的傳遞，舉個例子是光所無法照耀之處的傳遞。比如憂鬱的樣貌看不見裡頭，但，是這種陰影的樣貌，才讓觀眾看見了人物其他的部分，好比憂鬱的人不說話的行為，勾勒出需要別的通道例如想像力而得以接近憂鬱的其他部分。

蔡榮裕

　　以《威尼斯商人》來說，試想在不同的情境脈絡下，如果群體之間是更原始的，互不信任的，那麼這些言語的辯論和思考，是不可能發揮作用的。在劇中，是以律法下的辯論，來傳遞這些不同見解和幽默的舞台，其實整個過程是生機活現，因此不是只以兩方的誰勝誰輸，來看這部戲裡的意

11

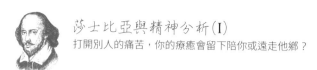

涵。而是主張這場喜劇得以發生，是對於錯覺的未來，有著不同想像的結果，起先是以借錢契約裡的恨意做起點（也是文明約定的一部分），有著錯覺式對於未來成功的想像，不過這種心理的相信，卻是後續的交流可以發生的重要基礎。

開場前言

做戲空看戲憨／蔡榮裕

　　歡迎各位的報名參與這場盛宴，由於【薩所羅蘭】的長遠目標是精神分析的推廣，因此除了站在臨床的本位外，佛洛伊德當年發展精神分析的過程裡，大量借用其它專門領域的素材來描繪臨床所見所感，雖然隨著精神分析的發展，漸變成以精神分析的術語，來分析其它創作領域的文本，不再是要從其它領域的文本裡，尋找可以豐富診療室過程裡的細節，並邀請它們來交流想法相互豐富自己。

　　不過【薩所羅蘭】是要回到當年的態度，因此不是精神分析的運用，甚至說精神分析的推廣也不是最貼切的，而是再回到其它創作文本裡，尋找創意和感動，來反思我們的臨床工作，也可以說是替精神分析再找尋它的「人間條件」。

　　關於這場工作坊，感謝邱錦榮教授願意幫忙我們做最困難的起頭，高度專業地解讀莎士比亞，我相信對於各位參與者，包括【薩所羅蘭】團隊成員，讓我的朋友們和我接下來的戲可以演得下去。

　　做戲空，看戲憨。我們私下有個很重要的心理建設，才讓我們可以自由地想像，然後有了今天這場工作坊的內容，【薩所羅蘭】精神分析的人間條件6，「莎士比亞與精神分析」，標題：打開別人的痛苦，你的療癒會留下陪你或遠走他鄉？

　　我們要先放棄完全了解莎士比亞，這起初是我們內心的障礙，精神分析是我們的專業，但是莎士比亞是幾百年前的創作品，這是我們需要有莎士比亞的專家邱老師當先鋒，讓我們可以安心往下走的原因。

　　另，我再稍說明一下關於【薩所羅蘭】。我們的目標是精神分析的推廣，這不是容易的事，我們想要跟得上時代，想要借用影音等媒介，不過這需要時間，我們一步一步走。我們得再感謝邱老師，同意我們使用【薩所羅蘭】做為我們的名字，這是當年（四十年前了吧）我在高醫就讀時，有「阿米巴詩社」學長李宇宙醫師的帶領，才有對精神分析、文學和藝術的綜合興趣，而走到現在。

　　【薩所羅蘭】這詞是來自他的一篇短文，〈給阿米巴弟弟們〉的部分內容：

　　「天明時，你悄然離我而去，在我渴睡的時候，餘留給我被露水沾濕的灰燼。薩所羅蘭，在我開始信仰的時候，你

一留給我怎樣的圖騰，荒年過後，我將回歸城裡。」（李宇宙，〈給阿米巴弟弟們〉之七）

一、

《李爾王》：愛的言說與試煉

邱錦榮

　　《李爾王》（1606）是莎士比亞的四大悲劇之一。世代交替是生物界的定律，子女以各種形式奪取父權似乎是競爭常態，愛的言說如何實踐？愛的試煉付出多大的代價？莎翁在這齣關於天倫驟變的戲劇中，透視老化過程裡親子依附（attachment）關係的逆轉，對於老化與親子之間天倫關係驟變的演示，令人觸目驚心。本文的精神分析閱讀主要以寇哈（Heinz Kohut）自體心理學（self psychology）為理論架構，並參照自體心理學派的精神醫學教授穆司林（Hyman L. Muslin）的臨床發現，探索《李爾王》展現的老化機轉，從中發掘親子之間隱晦的幻想（fantasy）。

　　自體心理學的核心概念為「自體客體」（selfobject），指自體在穩定的親密關係中經驗到客體（有意義的他者，significant others）所提供的感情、安全與舒適感，使自體有了完整（cohesive self）的感覺；自體將這種來自於對方的感受內化為自己的一部分。簡言之，「自體客體」一

詞用以描述他者在自體形成的過程中所扮演的關鍵角色。寇哈認為「自體客體需求」（selfobject needs）是一種普遍而持久的現象，亦是正常心理功能的必要條件（1971, 1977）。寇哈自診療間的個案分析情境經歷到患者強烈要求逐字逐句的仔細聆聽，不被打斷，不被詮釋（1977：176-97），由此發展出以同理心（empathy）為本的心理治療，亦即治療師學習完全站在病人的立場去接觸他的思想感受，他稱這種觀察模式為「近似經驗的」（experience-near）。他認為治療效果來自於治療師對待病人的同理心以及醫／病兩者之間所建立的安撫性的自體客體。經由同理心的觀察模式，寇哈發現「病態自戀」（narcissistic personality disorders）有一清楚界定的症候群：病人有情緒多變的特徵，對於失敗、失望、藐視的反應極端敏感。其病因可以歸諸於病患在發展過程對自體客體的需求未能滿足、解決。寇哈強調這種懸而未決的需求會導致病患時而處在「自體解離的焦慮」之中（disintegration anxiety, 1977: 103; 1984: 16）。

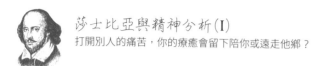

劇本簡介

　　莎翁的戲劇作品絕少原創情節，《李爾王》亦然，劇情沿襲自英國的民間傳說故事：八十多歲的李爾王準備退位，在宮廷命令三個女兒表白對父親敬愛的心跡，老王則依據各自交心的表現分封國土。長女和次女極盡諂媚，只有小女兒柯蒂麗雅堅拒不答。李爾王盛怒之餘，斬斷父女之情。前來求親的法蘭西國王因愛慕柯蒂麗雅的質樸高潔，將她娶回法國。老王平分國土後，遭受長女、次女輪番地忤逆折磨，幾近瘋狂。遠適法國的柯蒂麗雅聞訊後，搬兵回國營救老父。父女短暫團聚，卻不幸爲敵軍擄獲，柯蒂麗雅被活活絞死。早在莎翁寫作《李爾王》之前，當時已存的李爾故事版本有五、六十種。最具比對價值的是一齣歷史劇《李爾王史傳》（*The True Chronicle History of King Leir*, 1605）。莎翁版有三點顯著差異：

　　一、莎翁的李爾王年紀最老，他的高齡一再被凸顯；

　　二、莎翁的李爾王是唯一瘋狂的，其它五、六十種版本無一有此描述；

　　三、本劇的柯蒂麗雅被敵軍吊死；莎翁主要參考的四部作品，除《李爾王史傳》未提女主角之死外，

其它三部的柯蒂麗雅皆爲獄中自殺。

從以上的參照我們發現莎士比亞跳脫舊故事的框架，他的劇本刻意凸顯李爾王的老邁與昏庸，強化柯蒂麗雅的無辜犧牲。

劇中主要人物

李爾　　　Lear　　　不列顛國王

高納麗　　Goneril　　李爾長女

瑞根　　　Regan　　　李爾次女

柯蒂麗雅　Cordelia　李爾幼女

葛勞斯特伯爵 Earl of Gloucester　大臣

艾德格　　Edgar　　　葛勞斯特長子

艾德蒙　　Edmund　　葛勞斯特的私生子

愛的測試：父女、誘惑、失語

本劇以儀式化的宮廷場景開幕，李爾王宣布放下政權，在宮廷上要求三個女兒各自表述對他的愛意，據以分封國土：

妳們之中到底誰最愛朕？
讓朕可將最大的一份恩賜
賞給最有孝心的對象。

Which of you shall we say doth love us most?

That we our largest bounty may extend

Where nature doth with merit challenge.

（1.1.49-51）

關於李爾對女兒們所作的要求，有學者從公眾儀式性的需要觀察，也有批評家就老王驕縱的個性分析。表面上，李爾之所以提出此項要求，顯然對君權與父權都有相當把握，亦即女兒們至今都充分提供李爾「自體客體」的功能（愛、關注、喜悅、舒適等），他的自我完整感獲得保守。但是若以精神分析解讀李爾的心理，測驗的目的反而暴露他內心的焦慮：身體的衰老與柯蒂麗雅即將婚配，兩者都是急迫的壓力來源（stressors; Paris 111, Stockholder 127）。根據穆司林的臨床觀察，對於自我價值建立在他者的人而言，周邊人們的讚賞和外在文化的標準是自我完整的必要條件。這些人進入衰老期，由原來活躍的舞台退場就足以陷入絕望（Muslin 17）。穆司林以「鬼魅肢體」（phantom limb）的譬喻形容老化過程的失落感：肢體遭受喪失，切除或改變之後，截肢者感覺失去的部分仍然存在（28）。這個傳神的比喻說明心理失落可能是巨大的創痛；有些臨床報告甚至指出，被截肢的病患不但感覺肢體仍然存在，還能感受曾經受傷的肢體隱隱作痛。老人的戀棧或戀舊其實是對於早已習慣的那一部分自我，捨不得放下，然而又被迫割捨。在討論高齡病患自我肯定的議題時，穆司林直接引述李爾的案例：「李爾的意圖（ambitions）浮現的方式是老人典型的反應：他期待獲得掌聲，但是卻包裝成慈愛君父的形象，將權柄下放給三個女兒。」（23）據此我們可以推論李爾對即將退位與釋放權力有深度不安。

　　自體對客體愛或忠誠的試探經常是精神官能症式的、強迫性的「姿態」；試探往往是因為對客體過度依賴而總懷著焦慮。兩個長女宣稱對父王的敬愛勝過對世間一切事物的依戀，也不過是人間常見的儀式性宣告，但柯蒂麗雅卻拒絕行禮如儀。這場「退位」景（abdication scene; Stockholder 123, 127）反而常被稱為「愛的測試」景（love test scene; Muir xlvii）。柯蒂麗雅在儀式上的表現有很多難解之處。首先，在兩位姊姊表白之後，劇本穿插柯蒂麗雅的旁白（aside），依照劇場的慣例，旁白是

人物內心的自言自語（inner dialogue），未說出的思想（thinking aloud），亦卽對同場的人物而言她一直緘默。輪到她發言時，她只簡短回答「沒有」（nothing），李爾再度催問，答案仍然一字。我們彷彿看到一個兩歲的學步兒，不管父母說什麼、教什麼，它都固執地抗拒；「不要」是它的口頭禪，是向照顧者（care-taker）／主要客體展現自我堅持（self-assertiveness）的表態。人類從未完全脫離這個任性抗拒的階段，特別是對最親密的客體，在青春期到達極端。劇本裡的柯蒂麗雅不但年紀最小，身材顯然也還小（"our last and least" 1.1.82），可以推斷她正處於青春期。她的抵制出乎李爾意外，她的直言更顯得刻薄寡情：「我愛護您，父王，按照我的本分，不多也不會更少」（"I love your Majesty / According to my bond; no more nor less" 1.1.91-92）。

　　李爾面對晚景和宣告退位之際，如一般長者自職場或活躍領域引退，特別需要「自體客體」確切的支持及肯定他的價值（Muslin 29）。就扮演同理心支持者的角色而言，柯蒂麗雅最爲失敗。由李爾對她高度的期待（「我最疼愛她，一直希望靠她來照顧我的晚年」，"I lov'd her most, and thought to set my rest / On her kind nursery" 1.1.122-

23）到她倔強地拒絕表白，這中間巨大的落差令人困惑。柯蒂麗雅的無言徵狀彷彿罹患暫時性的「失語症」。佛洛伊德如此定義失語症：「在心智及器官都正常的狀況下，完全或局部喪失以慣用語言表達思想的能力或無法理解慣用的語言」，因此失語是功能性障礙，心因性疾病。佛洛伊德進一步區分兩種類型的語言：自然或感情的語言（表情姿態）；非自然的或清晰（artificial or articulate）的語言。他指出後者比較常陷入失語，因為這是後天經過學習而獲得的語言。柯蒂麗雅戲劇化的失語正好落在第二類：配合儀式場合的表演語言。

被寵壞的老孩子

　　青春期的抗拒和老人的退化擦撞出巨大裂傷。李爾在這場儀式竭力維持自己權威的形象（Stockholder 120），斷絕父女關係也是他維持尊嚴的自衛策略（strategy of defense）。但另一方面，在女兒與老臣（肯特）眼裡，李爾已經喪失尊嚴。李爾不僅在朝廷之上「番顛」（閩南語），而且一向昧於自省，二女兒瑞根一語道破：「這是他年老懵懂，其實他做人一向糊里糊塗」（"Tis the infirmity of his age; yet he hath ever but slenderly known himself" 1.1.292-93）。批評家常以「寵壞的孩子」（a spoiled child）形容李爾，劇本的前兩幕具體呈現他的驕縱。身心逐漸退化的老人形同幼兒，渴望在子女身上得到「如母的照顧」（"maternal comfort" Stockholder 118）；正如李爾幻想餘生能夠依附最疼愛的么女。李爾對柯蒂麗雅的憤怒顯然反應過度，於場合極不恰當；他報復的激烈程度，於人倫亦極不成比例。批評家巴厘（Bernard Paris）引用精神分析師杭妮（Karen Horney）的理論，分析李爾的內心機轉：「李爾羞辱柯蒂麗雅施行報復，藉著否定對她的需要，完全斷絕關係，以免自己受到進一步的創傷」（115）。李爾是個被寵壞的「老」孩子，他外顯的行為障礙相當符合寇哈定義的「病態自戀」。此類病患通常因為早期「主要自體客體」（primary selfobject，一般指父母）的需求不能得到滿足，而又未能經過其它途徑得到補償，對於以後遭遇失敗挫折，病患承受力特別脆弱。穆司林的臨床觀察則指出：自體對「自體客體」需求如果遭受挫敗，經常以傲慢和自負武裝自己的焦慮，預防與客體的互動可能帶來任何進一步的傷害（Muslin 44）。這種類型的自衛策略類似攻防戰術的「先發制人」。

　　李爾的激烈反應顯示他內心的需要和期待，這一景「愛的測試」其實暗含他對女兒們誘惑的姿態，李爾要求的不只是個別的告白，更是一場競爭儀式。雖然戲文清楚顯示李爾早已超前部署國土分封，三份幾乎相當，但是他要公開驗證女兒們的忠誠，甚至強化她們對老父的敬愛。戲劇總是在故事進行的中間啟幕，第一幕或第一景通常回溯故事的緣起，提供前情摘要。李爾對小女兒的偏愛在這一景也是回溯的重點，透過李爾本人和另外兩個女兒的說詞具體顯示手足對立的暗潮。這場測驗同時也挑起隱藏的「手足競爭」（sibling rivalry）。手足之間除了功名利祿等世俗價值的競賽，還有對於父母的愛和關注的明爭暗奪；後者在副情節更進一步具象化。

老化：每一個老人總是李爾王

　　歌德（JohannWolfgang von Gothe）曾詠歎：「每一個老人總是李爾王。」點出《李爾王》在文學作品的特殊地位——留下老化的原型。綜觀文學史，處理老化主題的文本並不多見，似乎透露老化雖是自然和必然的生命歷程，卻也是一個令人難堪或難以面對的存有課題。海明威的《老人與

海》是少數以高齡人物做爲主人翁的作品，但基本上作家把主人翁放在人與大自然天人搏鬥的脈絡裡，肯定雖然老去，但仍然具有男性陽剛氣質的「海明威式英雄」。十九世紀巴爾札克的《人間戲劇》小說大系裡的《高老頭》，其素材似乎比較接近《李爾王》的親子關係，但所述老父溺愛女兒們幾近猥瑣的行徑欠缺了一份莎翁悲劇的能量，老人本身對女兒們一味癡心奉獻反而襯托出他日後受到的創傷的荒謬。日本電影《楢山節考》（1983）逼視世代交替，對人類生命傳承的基本衝突有著達爾文式的剖析。

關於老化的心理機轉，在有現代精神醫學的詞彙之前，莎翁對老化的普遍現象已有描述。《皆大歡喜》（*As You Like It*）「世界是一座舞台」（All the world's a stage）這段台詞裡，人生第六、七階段就是一段生動的老化論述：

到了第六階段，換景

變成穿著拖鞋的乾癟老頭，

[……]

年輕時省下的長褲，對他萎縮的腿肚，

是好大的世界。他雄渾的嗓音

變成嬰兒的尖細哭啼，像風笛，

像口哨吹叫。人生最後的一景，

結束這齣奇妙多事的歷史劇，

這第二度的幼稚期，只有遺忘，

沒牙兒，沒眼兒，沒味兒，什麼也沒了。

The six stage shifts

Into the lean and slipper'd pantaloon,

[⋯⋯]

His youthful ho*se* well sav'd, a world too wide

For his shrunk shank, and his big manly voice,

Turning again toward childish treble, pipes

And whistles in his sound. Last scene of all,

That ends this strange eventful history,

Is **second childishness** and mere oblivion,

Sans teeth, sans eyes, sans taste, sans everything.

（2.7.157-66; 黑體爲作者自加）

　　高齡退化到幼稚似乎已是共識，但是莎翁在《李爾王》裡把這個普世的比喻形象化，聚焦在親子衝突。第二幕的李爾驚覺女兒不孝，首度指著自己的老邁，向蒼天控訴女兒忤逆：

> 神明呀，你眼見我站在此地，一個老人，
> 白髮蒼蒼，年紀大把，兩項都狼狽不堪；
> 若是你鼓動我女兒的心胸讓她們
> 對父親忤逆不孝，那就不要讓我像傻瓜般
> 默默忍受。
>
> You see me here, you gods, a poor old man,
> As full of grief as age; wretched in both!
> If it be you that stir these daughters' hearts
> Against their father, fool me not so much
> To bear it tamely …. （2.4.270-74）

老化成為指控兒女不孝的憑藉，《李爾王》的第一景就開始鋪陳這樣的控訴。

投奔荒野：解離、瘋狂

受盡長女、次女輪番忤逆，李爾投奔荒野，他經歷「自體解離的焦慮」（disintegration anxiety），一種深層、無法言傳的恐懼。寇哈指出：嘗試描述自體解離的焦慮實為「描述無法描述的」（"describe the indescribable"

1984: 16）。解離的痛苦相對於比較明確的焦慮（例如佛洛伊德陳述的：客體的失喪、愛的失喪、閹割焦慮等）實難訴諸於語言。寇哈如此解釋：

> 它雖無以名狀，然而強烈且全面瀰漫，患者同時察覺自體正在解離（劇烈的崩潰，嚴重喪失主導權，自我價值低落，感到極度的無意義）。焦慮的表現起初可能深藏不露，……（治療師介入後）他（患者）逐漸開始以聯想的方式傳達焦慮，實際上，他也只能藉助類比與隱喻（analogies and metaphors）來形容焦慮的關鍵內容。（1977: 103）

解離的感受既是如此不能言說、無可傳遞，不可能具體呈現，似乎只有詩的語言得以逼近它的真實。莎翁的無韻體詩逼近這樣的經驗：李爾在荒野的咆哮、控訴、瘋狂無異於提供我們「近似經驗的」視角。相較於莎士比亞其他主要的悲劇人物（哈姆雷特、奧賽羅），李爾的行徑其實很難令人同情，但莎翁賦予李爾激烈悲壯的詩歌語言，激起觀眾／讀者的同理心，卻使不可描述的傷痛經驗彷彿能夠讓人感同身受，這樣「近似經驗的」經驗，預示每一個人活到老時生命盡頭的光景，成就本劇灼人的情感淨化能量（catharsis）。觀看《李爾王》猶如置身診療間，被治療

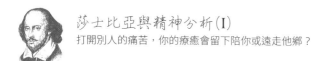

師解剖、穿透、分析，歷經自體客體的失喪，自我認知、重建較爲健全的「核心自體」（"nuclear self" 1977: 177）。在寇哈的體系裡，解離雖是心理危機，卻也因此蘊含激發個人潛能的契機，即便在相對較爲健康的個體身上，它也可能導向「核心自體」正面的舒展（1977: 176-77）。自體心理學確定個人終其一生都需要被他者認同及讚賞，但是自體正向的發展應由早期對客體完全的依賴，例如孩童對母親（或主要照顧者）的依附，逐漸趨向對客體比較成熟的依賴及互動關係。任何極端的依附將導致主體與客體難以切割的共生關係（symbiosis），阻礙人格形塑過程中的個體化（individuation）。

　　李爾奔向曠野，擁抱狂風暴雨的景象成爲後世繪畫捕捉的題材，箇中撼動人心的質素即是自體在面臨崩離的當下，猶能選擇緊緊抓住最後的一份尊嚴和自持。李爾內在解離的痛苦反而藉由肉體的自虐（self-inflicted pain），得以保持自體清醒與融合（aliveness and cohesion），免於完全崩潰（Kohut 1971: 626-27）。二十世紀上半葉有關本劇的文學批評傾向論述李爾受苦的教育與成長，例如指向基督教義屬靈層次的救贖或人本主義思維裡苦難的智慧（suffer[ing] into wisdom），這類評論確認苦難的正面

價值。剝除了俗世頭銜，喪失親密的客體，連肉身也近乎赤裸的李爾，幾乎是舊約聖經裡的約伯再現，唯其比約伯更加老邁。李爾版的受難記在精神分析辭彙裡其實另有一種受教的意義——發現眞實的自我（true self）。精神分析師玻拉司（Christopher Bollas）認爲眞我基本上處於一無所有的孤單狀況，「個人存有的絕對核心是一種無言亦無形的孤獨」（"the absolute core of one's being is a wordless, imageless solitude," 21, qtd. in Mollen）。診療間裡以精神分析作爲治療模式的最終目的，卽在於剝除案主的虛假意識（false consciousness），虛假自我（false self），釋放出長久隱藏的眞我。李爾與柯蒂麗雅重逢時，不敢貿然相認，謙卑地要跪下：

> 請不要取笑我：
> 我是一個非常愚蠢的老人，
> 八十歲更多一點
> Pray, do not mock me:
> I am **a very foolish fond old man**,
> Fourscore and upward.
>
> （4.7. 59-61；黑體爲作者自加）

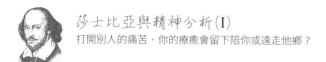

這就是剝除一切、瀕臨瘋狂後李爾認識到的真我。中文俗語的「活到老，學到老」在李爾的生命實踐裡多了一層嚴苛的意義。

親子之間的矛盾情緒

佛洛伊德在憂鬱症與自戀錯亂的病例中發現患者有一種「矛盾情緒」（ambivalence）出現，即是對同一個人有兩種相反的情感——愛和恨的情感（SE. vol.16: 427-8, 443）。診療間的發現正是一般正常情緒極端誇大後的病態版本。個體對客體本來就可能同時灌注愛與恨的矛盾情感，而親子之間的愛恨矛盾在長者迅速進入退化時期則更形劇烈。父親對子女信／疑、愛／恨的矛盾情緒在主、副情節裡都交互投射到好／壞兩組子女身上。李爾的孝女與不孝女：柯蒂麗雅對比高納麗、瑞根；葛勞斯特的親生子艾得格對比私生子艾德蒙。莎翁將世代交替的矛盾情緒透過戲劇化的手法呈現。從錯誤的判斷到後來的覺悟，是一連串「矛盾情緒」的透明化、具象化。本劇權力的昏昧和苦難的反噬，激發黑澤明（Akira Kurosawa）編導以日本戰國時期為背景的電影《亂》（Ran, 1985）。他對日本史上毛利元

就（Mōri Motonari 1497-1571）的軼事深爲著迷，這位雄踞中州地區的大名（諸侯）爲一方霸主，據傳毛利元就的三個兒子因爲血緣關係而不合，爲此毛利元就拿出弓箭教訓他們：一支弓箭可以輕易被折斷，但三箭結爲一束就堅韌不可催折，訓示兒子們應該團結，從此毛利家兄友弟恭，成就霸業，這就是日本戰國著名的「三矢之訓」軼事。黑澤明想像這個教訓可能導致完全負面的結果，他的電影版本也以折箭測試三子，嫁接李爾王的故事，演繹一個虛構家族的墜落與毀滅。臺灣豫劇團的豫莎劇《天問》（2015）由王海玲飾演女版的李爾，演繹母系社會相似的親子矛盾情節。古今中外，李爾故事的原型持續引發我們思考高齡的血親與成年子女關係的逆轉。

　　如果李爾王是每一個老人的原型或預表，本劇在人倫關係的意義上也是一齣親子相殘的悲劇：它預示時間的摧殘反轉了親子之間積久成習的關係，以及長幼角色反轉帶來的衝突與創傷。羅素晚年在三冊自傳的前言裡表達他對這種衝突的痛惜：「……無助的老人成爲子女厭惡的負擔……這是對人生應有景況的一大嘲諷」（"... helpless old people a hated burden to their sons ... make a mockery of what human life should be" Russell 13）。世代交替衍

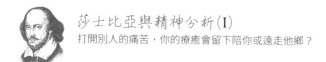

生的衝突不僅是生物律的宿命，也是文化的圖騰。

　　本劇對君臣父子的矛盾情結也有所著墨：肯特侍奉李爾如君如父（"honour'd as my king, lov'd as my father" 1.1.139-40），但也直言頂撞；艾德格守護失明的父親，卻隱瞞身分遲遲不肯相認。唯獨在柯蒂麗雅身上「矛盾情緒」隱晦不明，留下耐人尋味的疑點。以「夢的理論」（dream theory）為批評架構的司徒侯（Kay Stockholder）則指出肯特與艾得格預表了柯蒂麗雅對父親的「矛盾情緒」（125）。她在「愛的測試」場景起初抗拒表白，繼而辯駁孝順只是本分。她在舞台消失了大半場之後現身，義無反顧地回國營救老父，對照於她當時在宮廷之上的冷淡抵制更成反比。根據旁觀者的描述，柯蒂麗雅無怨無悔，甚至沒有疑問：

肯特：她什麼都沒問嗎？
近侍：說真的，一兩度她艱難地叫出「父親」
　　　喘著氣，好像這名字壓迫她的心房；
　　　又哭喊「姊姊！姊姊！女性的羞恥！姊姊！」
　　　[⋯⋯]
　　　神聖的淚水由她天使的眼眸流出，

> 涕淚化解了激動，她隨即離開
> 獨自面對悲傷。

Kent. Made she no verbal question？

Gent. Faith, once or twice she heav'd the name of
‘father’
Panting forth, as if it press'd her heart;
Cried ‘Sisters! sisters! Shame of ladies! sisters!
[……]
The holy water from her heavenly eyes,
And clamour moisten'd, then away she started
To deal with grief alone.（4.3.24-32; 作者翻譯）

　　第四幕父女相見，對於施暴的父親（abusive father）她完全接納，不再辯駁（「沒有理由，誰都沒有理由」"No cause, no cause" 4.3.73）。柯蒂麗雅重回李爾身邊，成為父親有意義的他者，照顧者，甚至逆轉角色成為老人的「母親」——這三種角色在各派精神分析的客體論述幾乎可以劃上等號。李爾最初的心願（「我最疼愛她，一直希望靠她來照顧我的晚年」）在此刻得到部分實現。以自體心理學的術語形容，李爾的「自體客體」需求獲得滿足與解

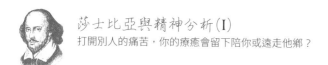

決。生命將殘，李爾渴望與女兒相依：

……讓我們去監獄，
我倆單獨要一起像鳥兒般在籠中歌唱。
當妳要我為妳祝福，我就跪下來
懇求妳的寬恕。我們會生存，
祈禱、歌唱……

> ...let's away to prison;
> **We two alone will sing like birds i'the'cage:**
> When thou dost ask me blessing, I'll kneel down,
> And ask of thee forgiveness: so we'll live
> And pray, and sing... （5.3.9-11; 黑體為作者自加）

李爾「籠中鳥」的比喻出人意表，他當然不知道所謂的「無意識」或「壓抑回返」（return of the repressed），但是與女兒終身相依的幻想在此表露無遺。另一方面，柯蒂麗雅在開場那一景沒有說出口的愛，反而以行動作了完全的告白；通過「愛的測試」，終於贏得老父的讚許：

在妳這樣的犧牲品上，我的柯蒂麗雅，

天神都會灑上香料。啊，我終於抱住你了。

Upon such sacrifices, my Cordelia,

The gods themselves throw incense. Have I caught thee?

（5.3.20-21）

柯蒂麗雅最終以自己生命爲祭物。莎翁排除傳統材料裡的女主人翁結局，獨特安排李爾父女短暫團圓之後，柯蒂麗雅立即被吊死。李爾哀嚎（ "Howl, howl, howl" 5.3.266），手抱女兒遺體出場的景象與稍前的期待形成反諷：

我那可憐的傻瓜給吊死了。沒有，再沒生命了！

爲什麼一隻狗一匹馬一隻老鼠都有生命，

而妳卻斷了氣？看樣子妳是不會回來了；

永不，永不，永不，永不，永不回來了。

And my poor fool is hang'd! No, no, no life!

Why should a dog, a horse, a rat, have life,

And thou no breath at all? Thou'lt come no more,

Never, never, never, never, never! （5.3.304-07）

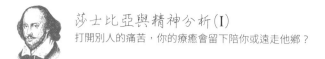

　　結尾的無韻體詩用了三個疊字的 "no" 以及五個疊字的 "never"，從單音節到字、詞，比喻的重複譜出漸次轉強的情緒節奏。"No" 疊字和加強否定性的 "never" 在舞台上迸射對生命滅絕的覺悟，這是李爾王最後的功課。

無辜者的報復

　　劇終柯蒂麗雅的死亡不僅違反「詩學正義」（poetic justice），也違反世代交替的生物律。莎士比亞爲什麼要安排比傳統材料裡更加悲慘的結局？巴厘由受迫害的子女角度拆解這個迷思。他視《李爾王》劇情的發展爲個別角色「幻想」（fantasy）的交互呈現：

　　本劇的起首與結尾由孩子的觀點掌控。柯蒂麗雅和艾德格起初被冤枉，結尾得到平反復仇。……然而劇中的大部分情節都由父親的視角呈現。李爾與葛勞斯特受到的苦毒令人髮指。逆子逆女的行徑極端殘暴，爲父爲君者反倒蒙上一層令人尊重的氛圍，贏得我們同情。（Paris 144）

巴厘認為莎翁是由父親和孩子的雙重視野寫作本劇，所以觀衆的同情會隨觀看的角度而挪移到父親或孩子身上。《李爾王》看似不符合觀衆期待的結局，如果從好孩子的觀點探討就有跡可尋。巴厘以柯蒂麗雅和副情節裡的艾德格作比較，後者雖然對父親憐恤有加，並在「多福附近鄉間」那景把父親從絕望深淵救起（4.5），但不可否認：「艾德格延遲表明身分是葛勞斯特之死的主因」（Paris 145）。艾德格的憤怒一直存在，只是經過掩飾。艾德格壓抑報復父親的心思，相較之下，柯蒂麗雅對父親的「矛盾情緒」則幾乎沒有形跡，直到本劇的結局才顯明「無辜者的報復」（innocent revenge; 147）。父親蒙昧，冤枉孝順的孩子。父親的不公不義，按理應當受到懲罰，但是如果這個懲罰出於孝子孝女之手，將令其孝行喪失，不可能維持賢孝。於是在「詩學正義」的原則下，父親在壞孩子的手中受到折磨，為自己是非不分付出代價。父親自身的痛苦乃至於死亡並非最高代價，對其罪愆最嚴厲的懲罰反而是導致好孩子的犧牲。所以柯蒂麗雅最後的死亡可謂恰如其願，成就了孝道，也間接完成報復。

巴厘所說的親／子「幻想」的交叉呈現恰巧說明佛洛伊德「夢的作業」（dreamwork）的一項特徵：實際生活

中的同一個人常在夢中分裂成正反相異的兩個人（splitting figures），可見「矛盾情緒」實爲夢與戲劇共同的結構特徵。「幻想」與慾望密切關連，是「一種幻覺式的投資」（*SE*. vol. 598）：作夢者在夢中如願以償，得到替代性的滿足（vicarious satisfaction），因此是一廂情願的意念（wishful thinking）。柯蒂麗雅爲父親犧牲生命，以自身爲犧牲祭品，所付出的代價遠超出她宣稱的「本分」，這樣的結局間接圓滿了好孩子的「幻想」，使其得償宿願（long-cherished wish）或伸張宿怨（long-held grudge）。她以行動詮釋愛的言說（discourse of love／loving）。「愛的測試」挑起的「手足競爭」是一場延長賽：姊姊們表白愛意是口說的（telling）；柯蒂麗雅則在劇終展演（showing）。柯蒂麗雅在第一景的「失語症」要到劇本的結尾得到顛覆。

巴厘以「幻想」詮釋柯蒂麗雅死亡的愛恨隱喻，本劇的結局見證柯蒂麗雅無意識慾望的浮現。戲劇文學裡有諸多「幻想」的結構，它可以是劇中人物的如願，也可能呈現劇作家本人的如願。這些次文本（sub-text）猶如文本之下流動的無意識，等待挖掘。戲劇的「幻想」和夢的作業類似，所有的夢境材料（dream thoughts）都經過凝縮、移置、

篩選、加工等轉變，需要拆解分析，還原本來面目。其實李爾父女的愛恨矛盾也可以進一步由自體心理學來作分析。寇哈體系裡的自體建構模式包含兩個面向，他稱之為「兩面自體」（bipolar self）：第一面是自我抱負（pole of self-assertive ambition），第二面是理想和價值（pole of values）；後者是外在的理想、道德內化後的集合體，接近佛洛伊德的「超我」概念。在《李爾王》這齣母親缺席的戲劇中，父女顯然互為對方最具意義的自體客體，李爾對女兒的依附與期待溢於言表，父親的斥責和讚許成為柯蒂麗雅內化後自我的一部分，形成自體終極的價值（Muslin 11）。臨床分析師更指出：受虐兒傾向將施虐的父／母理想化，以父／母的慾望為內化價值，建構自體（Mollon）。第一景裡兩位長姐回應父親的要求，宣告以父親為中心定義自己的存在；受到老父永遠斥絕的幼女，其實把父親的幻想轉化成自我的期待，生命終極的價值。柯蒂麗雅在第一景雖表明自己將來成婚後，會把一半的愛給夫君，然而她在實踐上卻終生是「李爾的女兒」，而不是法蘭西國王的妻子。

如此解讀《李爾王》，是把本劇描述父女之間幽微的牽連、依戀、當做莎翁對父女「情意結」（complex）的戲劇化投射。莎翁在古老的李爾故事素材裡，編織了令人驚駭的

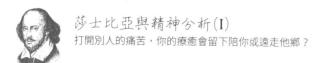
經緯——最溫柔的犧牲是無言卻激烈的表白；最深的依附成為彼此的鏡像投射，內化的自我。

佛洛伊德看見什麼？

關於《李爾王》過去傳統的詮釋大都著墨於女兒殘暴不孝，主人翁遭受苦難的歷程，據此辯證苦難的意義，有些批評家甚至認為本劇有宗教寓意的重生與救贖意味。但是任何偉大的文學作品都不只圍限於單一意義，《李爾王》成為莎劇經典必然有跨越四百多年時空而仍然可以吸引現代讀者／觀眾的因素。除了探討人與天命之間的關係，苦難的意義之外，莎士比亞其實洩漏了一些幽微的，介於可說與不可說之間的沉思，攸關深層壓抑和掩飾的人性祕密。這個劇本裡隱而不顯、未曾說破的一條重要線索就是李爾王與三個女兒（特別是柯蒂麗雅）的父女關係。

佛洛伊德在名為〈三個匣子的主題〉的論文討論兩齣莎劇《威尼斯商人》和《李爾王》，連結三個匣子與三姊妹的母題：「金與銀喧嘩，銅緘默；正如柯蒂麗雅無言的愛」（295）。李爾雖已是老人，仍不願放棄對女性的愛戀，三姊妹遂以女兒與父親的關係顯現。他如此分析劇終父女的

雙雙死亡：柯蒂麗雅像是德國神話裡的死神，帶走戰場上
戰死的英雄。死神是永恆智慧的化身，叮嚀老人應該放下
愛戀，選擇死亡，與死亡和好（renounce love, choose
death, and making friends with the necessity of dying;
301）。柯蒂麗雅顯然打動同樣有三個女兒的佛洛伊德，劇
中的父女關係對佛洛伊德有歷久的吸引力：柯蒂麗雅讓他聯
想到小女兒安娜；在長女、次女結婚後，佛洛伊德經常暱稱
安娜「我的唯一的小女兒」（my little only daughter），
也讓我們想到李爾稱呼么女「朕最小好小的」（our last
and least），兩者對小女兒的親暱稱呼，用詞神似。佛洛
伊德的傳記作者蓋依在他的佛氏選集為此文寫下導言：「佛
洛伊德私下說，寫這邊文章的主要動機是因為他逐漸意識到
第三個而且最小的女兒，不只才智過人，而且在感情上對他
具有特別的意義」（Gay, 1989: 514）。眾所周知，安娜繼
承父親衣缽，而耐人尋味的是佛洛伊德對安娜的矛盾情緒：
「一方面期待安娜長大成人，但是要放手讓她長大卻又是另
外一回事」（Gay, 1998: 432）。蓋依在傳記的這筆描繪可
以成為《李爾王》劇中「愛的測試」的一個註腳：李爾表面
上準備好為么女配婚，但另一方面他卻要求女兒公開表達對
他完完全全的愛；愛的矛盾衝突就是如此不可理喻。

結語

　　《李爾王》的結局四個半世紀以來一直是批評家關切的焦點，泰德（Nahum Tate）的「大團圓」改編版（1681）曾經占據舞台長達一個半世紀之久，具見此劇結局歷來引起評家議論。過去傳統批評除了指出此劇不符合「詩學正義」外，也認為它在四大悲劇中最缺乏對新秩序的期待。本文則以「施罰的父親與受冤的孩子」的共生關係說明此一結局的必然性。《李爾王》有古希臘式的，人無法超越自然宿命的悲劇蘊含，也兼具親子之間愛戀與權力的迷惘。這是一部父女愛怨衝突的寓言。

引用書目

Bollas, Christopher. "Forces of Destiny." *Psychoanalysis and Human Idiom*. London: Free Association Books, 1989.

Freud, Sigmund. *A Moment of Transition: Two Neuroscientific Articles by Sigmund Freud*. Trans. and ed. Mark Solms and Michael Saling. London: Karnac Books, 1990.

-----. *The Standard Edition of the Complete Psychological Works of Sigmund Freud（SE）*. Trans. James Strachey. London: Hogarth Press. 24 vols. 1953-95.

-----. "The Theme of the Three Caskets," *SE,* Vol. 12, 1913. 291-301.

-----. *The Freud Reader*. Ed. Peter Gay. New York: Norton, 1989.

Gay, Peter. Freud, *A Life for Our Time.* New York: Norton. 1998.

Kohut, Heinz. *The Analysis of the Self*. New York: International Universities Press, 1971.

---. *The Restoration of the Self*. New York: International Universities Press, 1977.

---. *How Does Analysis Cure ?* Chicago: U of Chicago P, 1984.

Mollon, Phil. "Releasing the Unknown Self." (website version). 7 Oct. 2007. http://www.selfpsychologypsychoanalysis.org/mollon.shtml

Muir, Kenneth. "Introduction." *King Lear*. London: Methuen, 1972. xiii-lviii

Muslin, Hyman L. *The Psychotherapy of the Elderly Self*. New York: Brunner/Mazel, 1992.

Paris, Bernard J. *Bargains with Fate: Psychological Crises and Conflicts in Shakespeare and His Plays*. New York: Plenum Press, 1991.

Russell, Bertrand. The Autography of Bertrand Russell. Vol. I. London: George Allen and Unwin, 1968.

Shakespeare, William. *King Lear*. Ed. Kenneth Muir. London: Methuen, 1972.

---. *As You Like It*. Ed. Agnes Latham. London: Methuen, 1967.

Spencer, Christopher, ed. *Five Restoration Adaptations of Shakespeare*. Urbana: U. of Illinois P, 1965. 201-74.

Stockholder, Kay. *Dream Works: Lovers and Families in Shakespeare's Plays*. Toronto: U of Toronto P, 1987.

Young-Bruehl, Elizabeth. "The Dissolution of the Oedipus Complex." *Freud on Women.* New York: Norton, 1990.

今村昌平，導。《楢山節考》。東京：東映，1983。

林玉華，樊雪梅，譯。《當代精神分析導論——理論與實務》。台北：五南圖書，1995。

黑澤明（Kurosawa, Akira），導。《亂》*Ran*。Tokyo: Greenwich Films/Nippon Harold Films，1985。

楊世彭，譯著。《李爾王》。台北：木馬文化，2002。

【講員介紹】

邱錦榮

臺灣大學外文系名譽教授

曾擔任臺灣莎士比亞學會會長

「世界莎士比亞書目」國際委員會通訊員

二、
三個匣子打開的愛情三角關係：我們形成詮釋的過程涉及的團體動力

王明智

之一、團體動力

《李爾王》是英國文學關於精神崩潰的原始共演，本文僅就李爾王發瘋後其臣子試圖「治癒」國王，關鍵的「健康場景」（第三幕，4與6景）加以申論。

這兩個場景李爾王與臣子瘋言瘋語的對話讓人摸不著頭緒卻很有感；在在讓人想起精神分析深入之後，個案與分析師的對話。

如果我們把拯救李爾王的臣子視為一個小團體，團體成員如何各司其職，治癒崩潰的李爾王，不禁也讓我們想到分析師在臨床現場的詮釋工作，還有詮釋之前還可準備甚麼。

1.團體成員一、傻瓜（詮釋）

Brown, D.（2003）說：「傻瓜有能力對主人急遽加

重的瘋狂『開玩笑』，儘管李爾王的傻瓜可能只像回聲般的超現實主義者（『哭泣，像叔叔對鰻魚一樣哭泣』，第二幕，第4景，117），卻也總是『睿智的心理師』，其評論得以治療瘋狂……。」

　　傻瓜的瘋言瘋語恰似治療師的詮釋，乍聽之下不著邊際卻對心靈產生莫大衝擊，或許傻瓜因地位低下，不似分析師如此具有權威，因此時而玩笑開得過火也不會太刺耳。傻瓜的「傻」讓人有餘裕將其視為楞頭楞腦的無心之言，時而盤旋到「意有所指」。

　　傻瓜的瘋言瘋語對峙著李爾王瘋狂的心，在小女兒柯蒂莉雅重現之前，提供給李爾某種以毒攻毒的順勢療法，卻也意外接住國王急遽墜落的心。

2.團體成員二、坎特（扶持）

　　「『陛下，好主公，快進去吧』（第三幕，4景，1）。停了一下，李爾的回應仍然自戀而固執：『不用管我』。然而，在他『任性的』言談（7-22）以及意識到『為何瘋狂』之後，他對坎特說，『你只管進去』，然後哄騙傻瓜：『進去吧，孩子，你先走。』這表示了李爾王不再『自私』，重新喚醒團體的互助感。」（Brown. D, 2003）

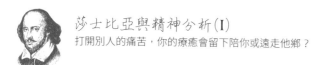

　　然而，單有傻瓜也不夠，還須加上扶持（holding）的力量。

　　Brown, D.（2003）如此論述：「李爾王的核心不在國王的瘋狂場景（儘管個人主義社會重視這個部分），而是針對瘋狂的團體扶持與涵容，同心協力的共演。簡言之，莎士比亞的李爾王講述的是在逆境中的團體動力——試圖合併Osiris的四肢，或者再將矮胖兜攏在一起。團體成員僅能透過分擔領袖深陷的黑暗來達成這個任務……。」

　　扶持大勢已去的李爾王，第一功臣非坎特莫屬，他因反對李爾對柯蒂莉雅的懲罰而被李爾驅逐，但忠心耿耿的他依然偽裝為他人，持續扶持李爾。在整個過程中，坎特關心國王的健康與安危，注意到狂風驟雨對身心的摧殘，耐心勸導國王躲進小屋遮風避雨，提供僻護與健康的生活。

3.團體成員三、埃德加（共演）

　　在暴風雨中的李爾堅持著陽具姿態，硬挺挺地對抗著悲苦的命運（暴風雨在此刻幻化為擋路的熊），那份悲苦只能投射給無法遮風避雨的窮人，還有埃德加偽裝的苦湯姆（Poor Tom）。如果要李爾躲進小屋遮風避雨，面對自己

的脆弱無助，教他情何以堪？

因此，苦湯姆在黑暗小屋的現身堪稱經典，李爾王必須透過另一個人才能認識自己。

「……這有助於刺激他為『赤裸的可憐蟲』祈禱。埃德加的出現，即『苦湯姆』，很快地打破了李爾王的自負，實際上卻是因為『投射認同』的緣故，在此幾乎是一種唯心主義：『都是女兒害苦他落到這般地步嗎？你沒想到給自己留下甚麼嗎？一股腦兒全給她們倆？』」（Brown. D, 2003）

就像個案往往透過分析師認識自己，特別把自己無法面對，想要拋卻的部分，投射到分析師身上。個案有能力使用這種投射，得以讓分析對話進行。

苦湯姆被魔鬼糾纏，對照著李爾王被自己的精神病崩潰（psychotic breakdown）所苦，兩人都跟自己的內在心智搏鬥，不斷共演（enactment）著恐怖黑幫迫害自身的可悲命運。

稍後（被兒子背叛的）葛樂斯特也加入，以自身命運持續映照著李爾王不知如何面對，被女兒背叛的難堪。凡此在團體中扮演鏡映（mirroring）功能的二重唱，讓李爾可以

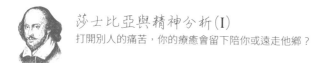

在適度的偽裝中逐漸撥開內在眞相的迷霧。

之二、團體配對（pairing）

　　當李爾王詢問『苦湯姆』昔日種種，爆發了強烈墮落的原始幻想，這樣的力道，是爲了拮抗內心的冤屈與隱含的罪咎：

　　『假心虛意，專聽壞話，手段毒辣；懶惰像豬，狡猾像狐狸，貪心像狼，發瘋起來，像狗，凶暴，賽過獅子……』（89-91）。

　　動物般的原始本能紛紛出籠，這是心智裂解的徵兆。『苦湯姆』時而如傻瓜般出口成章（『口慾期』的插葷打葷），時而作爲李爾『原始心智』的表徵。李爾聽了也以瘋言瘋語回應：

　　『哈！這兒三個人，都已經改頭換面。只有你，才是原來的本色，沒穿沒戴的人，原來就是這麼可憐巴巴的，赤條條的兩腿動物。』

基於同情，李爾開始脫光衣服。

葛樂斯特（Gloucester）在此刻進場，使被放逐的埃德加（苦湯姆）飽受驚嚇，打斷了李爾與苦湯姆熱烈的『配對』遊戲。

坎特、葛樂斯特與傻瓜三人在此組成的『工作團體』，為原始的『基本假設』團體提供保護與支持。然而，李爾王與湯姆・奧・貝德蘭（Tom o'Bedlam）有著特別的聯繫：

『讓我先跟這位哲學家說句話』（147）；『我還得跟這位博學的底比斯人說句話』（150）；『我少不了我這位哲學家』（170）

比昂將這種二元性詮釋為『配對』，內在的幻想是確保『彌賽亞』（救世主）的希望永存。

無論如何，『工作團體』準備好跟這種古怪的兩人組共謀，只要確保團體的安全與團結即可：

坎特：好大人，順著他；讓他帶著這個人吧。
葛樂斯特：你帶著他來吧。
坎特：（向苦湯姆）喂，來吧。跟我們走。

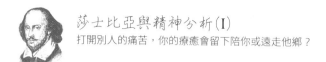

> 李爾王：來吧，好雅典人。（171-174）

當我們談到基本假設團體的配對時，不禁也會想到精神分析中的共演（enactment）。放眼分析歷史對反移情從誤解到寬容，面對共演，當代的分析實務認爲分析師偶爾跳下去與個案演一會也無傷大雅（甚至是很重要的過程）。因爲，倘若沒有涉入深水區，也無法結結實實地體會與理解發生在個案潛意識正在運作的是甚麼？

共演跟團體中的配對一樣，似乎可以釋放深層的潛意識焦慮（達到幻想中彌賽亞現身的拯救效果），但這畢竟還是順服於舊模式的行動化，趨向死之本能的強迫性重覆。

我們要允許這件事情終究可以發生，如果不依循這個步驟，就無法涉入原始心靈的運作，讓分析師可以繞著原始無語的潛意識，向心地跳著二人的輪旋舞，如此地跳著繞著，才有餘裕把情緒延展出來，把空間開闊而出，然後才有機會可以看清楚，進而思考下一步該怎麼布局。

這就像是李爾王先把埃德加當成另一個值得可憐的他者，透過對他的種種感懷去勾勒出自身的形貌，爾後埃德加的形象從可憐蟲到哲學家，似乎意味著某些思考功能已經悄然運作。

之三、僞裝之必要

在《李爾王》中，我們可以看到各種僞裝，無論是坎特，亦或埃德加。僞裝是爲了自保性命，也是爲了輔佐國王，不得爲之的權宜之計。

瘋狂（精神病防衛）就是爲了不想看清楚，伊底帕斯王在還沒準備的情況下照見眞相（truth），只好戳瞎雙眼。相對於瘋狂，僞裝是一種照料瘋狂的良善，在眞相現身之前，必須悉心維護主體，讓行將崩解，亦或已然裂解的碎片不要四散無度。李爾王的處境對照著葛樂斯特被戳瞎雙眼，面對著兒子埃德加的僞裝，也是一個良善的共演：

「眼看著他心碎成這樣，我還要戲弄他，原爲了要醫好他那顆心。」（第四幕，6景，34-35）

僞裝當然也會讓人想到分析師在會談過程中的「裝傻」，有些事情已經被分析師感知，或者隱約在個案與分析師間淘流著；然而，個案正面臨重大的壓力或創傷，或許心智功能欠佳，正處於妄想分裂狀態，尚且不到說出眞相的時候……。

1. 幻覺之必要

在進入結語之前,讓我們先把視野拉遠一點。

語言學家蒙勞（1946）認為,「幻覺」一詞來自「對抗光」（ad lucem）。因為受到陽光或強光傷害使人眼花撩亂,視力減弱,混亂或不適。

「實際上,談到睡眠後的狀態,我們會說自己彷若剛出生。也談到出生像是『初見曙光』。（順帶一提,這是我們對新生兒尋常感覺做出的錯誤假設,反之,新生兒應該非常不適。）」（Freud, 1916–17p. 89. In German literally 'seeing the light of the world'; editorial note by James Strachey.）

剛出生的嬰兒被母親從子宮的黑暗帶向光明,也會發生此種情況。

視幻覺主要是嬰兒在子宮外第一時間被光刺激得頭暈目眩所引起的原初創傷,使嬰兒感受到內外之不適所致。正如與出生經驗相伴的焦慮,新生兒視幻覺經驗可能也會在往後創傷情境,以及在創傷相關情境中復現。

2. 做夢宛如出生創傷

　　如我們所知，被潛抑的內容在睡眠期間克服了潛抑，才引發夢。

　　這個處境不禁讓我們對照到，睡眠宛如嬰兒回到母親子宮，這個幸福的胎兒狀態卻被陡然入侵的刺激打亂，不受歡迎的心理內容脫離了潛抑，無法控制地造成睡眠狀態的失衡（創傷），引發了相當程度的喚醒，使睡眠者離開沉睡的胎兒狀態，彷若再次經歷出生。

　　因此，做夢者透過眼簾實際看到的景象（也就是他的夢）；以及從子宮出生的嬰兒從沉睡的幸福狀態陡然滑落，暴露在刺眼日光的創傷下。

　　作夢者在令人懼怖的世界中醒來，那是由不悅（unpleasure）且未被潛抑的心理內容所創造的世界，再透過視幻覺作用轉化為可被感知的「光之圖像」。

　　也就是說，做夢者在潛抑被突破的那一刻，映如眼簾的是，幻覺般的夢境。

3. 夢的幻覺

　　在潛抑內容入侵的創傷中孕生出夢的時刻，夢者驚訝於他所感知到的心靈；同樣地，隨著嬰兒首次瞥見日光，被內

外世界所接收的創傷印象驚嚇住。

　　爾後，新生兒透過哭泣、踢和吸吮，使母親或他人協助轉化這些令人不悅的情境；夢者在夢程中也進行同樣的轉化，把可怕的創傷形象變得可以接受。

　　其結論是：「必須清楚了解患有創傷官能症的人會產生幻覺，因為他既無法藉由肌肉的神經支配，或者自我對創傷相關心理內容的反灌注，來拒絕或控制這些幻覺，也就是創傷的內部記憶，這些記憶會在創傷後幾天自動產生。而這些內容的運作會密集進行一段時間，且無法避免，使其產生幻覺，當下的經驗就像外在正發生的事件般，非僅是記憶而已。」（Garma, 1969, pp. 488-489）。

　　或許我們可以說，夢者的自我，就是嬰兒的自我。皆被原我（id）的力道不斷衝擊，因此帶來創傷。此種情況，一定得產生（視）幻覺，得以讓自體在夢中存活下來。

　　因此，李爾王的故事或許就是真我如嬰兒般自潛意識的母體中重新誕生的故事；這樣的誕生會經歷重大的創傷，因此需要對生命的真相加以適度的移置（displacement）或者偽裝（以視幻覺的形象現身）。

　　由此推知，噩夢或許是幻覺產生失敗（或不完全）的結果。原我的力道過於猛烈，因而帶來的挫傷。與其在潛抑脫

輻的烈日灼傷中醒來，不如中斷睡眠在現實中醒來，至少醒時自我多多少少還能恢復一些潛抑功能。讓萬事萬物復位，世界依然可以運行如初（這種感覺在追憶逝水年華開場有細膩的描寫）。

4. 錯覺與幻覺

容我大膽地說，幻覺（Hallucination）在某種程度上也算是錯覺（illusion），因為從幻覺望去，似乎是不存在的東西，但那也是內在真實的投影（投射）。仔細端詳這些鬼魅般的影子，又會發現背後隱含著過往創傷的殘跡，不斷地閃現與回放。因此，夢的幻覺，也像是把真實存在的東西誤植的錯覺。

夢是心靈的創作，讓創傷變得比較可以忍受，當創傷來襲，夢可以透過其幻覺面稍微抵擋。爾後，如果可以被夢者注意，拿起來好好端詳，感受並思考其中的紋理，有了時間的屏障（也算是種自然的偽裝），主體變得較有餘裕可以處理。

這也可以說明為什麼埃德加何以要偽裝？偽裝製造出宛如錯覺般的幻覺。讓我們回到傻瓜走進茅屋探路：

從茅屋內傳來：

「一丈、半丈，一丈、半丈！苦命的湯姆！」

（傻子從茅屋內奔出）

傻子　別進來，大叔，裡邊有鬼。救命啊，救命！

坎特　你拉住我的手。裡面可有人？

傻子　有鬼，有鬼！他自稱是「苦命的湯姆」。

坎特　是誰在茅屋裡哼哼唧唧？快出來！

埃德加裝作瘋子上

（第三幕，4景，41-46）

　　進入茅屋像是深入潛意識，李爾王面對自己的真面目是令人驚駭的；茅屋中的埃德加一方面表徵著同樣被放逐的李爾，另一方面也表徵被李爾誤解的柯蒂莉雅。當傻子大喊有鬼的時候，我們知道茅屋裏頭有著李爾最原始的心智，恰巧這是分析工作最難面對的。

　　當茅屋中的埃德加向李爾現身，李爾宛如子宮中被生下的嬰兒，出生（面對潛抑內容）的創傷如此灼人眼球，埃德加不得不偽裝成幻覺的形象。

　　於是先有李爾把埃德加看成苦湯姆的「錯覺」；對照苦湯姆在裝瘋賣傻的「幻覺」中，試圖引領李爾看清楚內在真

相的「面對」。

特別在第六景，李爾王開始有了一連串試圖審判女兒的「幻覺」。

透過肯特與葛洛斯特外在的扶持；加上傻子、埃德加心理上鏡映與詮釋。李爾王得以建構出一個空間，潛入內心深處。讓原始的心智可以顯露，如此才有機會透過潛意識，去探索種種失落與罪惡，究竟源自何處？

荒野中大夥進去遮風避雨的小屋，象徵著共感的命運、涵容、溫暖與團結；而這也是治療原始且困難個案的心法。

此時，在這個透過團體建構的治療性空間中，夢者從較為被動的狀態轉為主動。透過扮演分析師的傻瓜還有埃德加的協助，再加上一點玩性，試著運用alpha功能，去理解自己的命運。

在這個過程中，主體感覺能掌握、也可以創造。渾然不覺背後有人協助（就像李爾王獲得的協助也是悄然無聲），或許就像Winnicott所言，母親帶給小孩的錯覺也是悄然無聲，世界是由小孩一點一滴去發現。

參考文獻

威廉莎士比亞／William Shakesprare (2001)。李爾王（方平，譯）。台北：木馬文化。

Brown, D. (2003). King Lear: The Lost Leader; Group Disintegration, Transformation and Suspended Reconsolidation. Organ. Soc. Dyn., 3(1): 134-152.

Garma (1969). Present Thoughts on Freud's Theory of Dream Hallucination. Int. J. Psycho-Anal., 50: 485-494.

【講員介紹】
王明智
諮商心理師
臺灣精神分析學會會員
《小隱》心理諮商所所長
臺灣精神分析學會推薦精神分析取向心理治療師
臺灣精神分析學會影音小組召集人
松德院區《思想起心理治療中心》心理治療督導

三、
詮釋潛意識的幻想：你說的是對的，但對我沒有什麼意義

陳瑞君

景一、臘腸與狗警世錄

李爾王：「我已把我的國土，一分為三，決心要讓我衰老之擺脫那一切操勞和煩惱，把國家大事交託給那年輕有為的；自己樂得一身輕鬆，好爬向最後的歸宿。……女兒啊，你們說——我就要交出君權，放棄土地，再不問國家大事了——你們愛我，算哪個愛得最貼心？誰的孝心最重，最值得眷寵，她自會得到我最大的一份賞賜。」（楊世彭中譯，木馬文化出版。以下引用採用同版本。）

於是大女兒高納麗及二女兒瑞根可以說是很識相的昭告於眾人，自己對於沐浴在父王恩寵之中的幸福，是言語中難以形容的愛，勝過於自己的眼珠、天地和自由，還道不盡對父王的愛。於是李爾王便龍心大悅，將富繞的江河及肥沃的

田地，按照承諾大兒女及二女兒各得三分之一。

唯獨李爾王最疼愛的小女兒柯蒂莉雅一開始說，「沒有什麼好說的，父王。」在劇本中，李爾王多次給予三女兒重說的機會去補償她的拒絕，讓三女兒可以按照他如此明示及暗示的劇本走，他對三女兒說「『沒有』，只能討來個『沒有』。重新說吧！」，又說「彌補一下你方才說過的話吧，否則你要毀了自己的一生啦！」三女兒似乎也很堅持，她說「可惜我沒法把我的心掛在嘴邊上。我按照我應盡的本分來愛父王；不多也不少。」

我們可以說，劇中的三女兒似乎很成功的讓李爾王勃然大怒，接下來的你一言我一語，三女兒柯蒂莉雅只用直白及坦率來主張自己的年輕與真誠，絲毫不會且不屑對萬貫家財動容。

劇中的對話，李爾王的對話姿態透露他彷彿是抱著大把的鈔票，單膝乞求著三女兒給他點好說法與好臉色般的卑微，但心裡的感受上卻像是被三女兒「坦率直言」的行動給羞辱了一番，當然也可以說是三女兒為了風骨不輕易出賣自己，這番行動成功的凌辱了父親像是送分題的討愛，上頭的兩個姊姊倒是沒有什麼情結般的輕易得分。

我們也許可以說三女兒說的中肯、中立，且不願趨炎附

勢，不願虛情假意。回到我的主題：柯蒂莉雅說的也都是對的！但是為什麼對李爾王來說，一點都沒有意義？換一個場景來說，為什麼在診療室中，治療師說的詮譯都是對的，但是個案卻會用盡各種方式，彷彿也在對我們說，「你說的都對，對我而言一點也沒有意義。」

我們今天來探倒敘法，我來說說我讀完這經典劇作後，出於直覺且未加工的思維混亂，卻貨真價實的一點個人小感覺，首先，浮上腦袋的想法是：「這故事可以成立嗎？」有人會真如李爾王般如此的愚痴，亮出自己的財產來討愛？我想到佛洛伊德曾用個賽狗的譬喻，來談移情及反移情，雖不盡相同，但是李爾王這樣的行動，的確就像是在賽狗面前晃著香噴噴的臘腸一樣，勾動著最原始強烈的慾望，破壞規則的讓狗兒滿場跑，因此，比賽就被中斷了。李爾王呢？也希望自己像是女兒們競相追逐的那條臘腸嗎？希望憑藉著自己誘人的財產，能勾起三個女兒的原始本能，帶著滿滿的愛意追逐著李爾王滿場跑，這裡似乎可以看到，不論如何李爾王都想讓她的三個女兒對他保有強烈的慾望。

我們是否能說，故事的悲劇本身有李爾王本身強烈的慾望與移情。李爾王這個人物的塑造本身，是人生故事中我們很容易指認出來的翻版，莎翁的戲劇總是強烈、濃縮且精

鍊，人生是經過多少比例的稀釋與沖刷，所以大部分人直覺上並不會認爲，李爾王的昏庸或伊底帕斯的盲目，曾幾何時會有可能是我們的影子，我們會覺得這種故事通常離自己很遙遠，但是離別人比較近。診療室呢？有可能的悲劇也會等量稀釋，重現在診療室裡的場景裡嗎？

佛洛伊德（1915）《移情——愛的觀察》的文章當中，關於移情的不可避免性，在治療關係中，個案對治療師的移情——愛是如此的難以掌控，強調個案將不可避免的把內在的客體關係類型—嬰兒式幻想的愛、恨、矛盾、依賴與防衛，帶入了與治療師的關係裡——像是陷入了瘋狂的愛中，佛洛伊德認爲移情是一種行動的表達，而非以思考或記憶來呈現，個案運用的是非常原始的心智力量，以阻抗思考或現實的層面，強烈的向治療師需索愛是潛意識的企圖，行動化透過投射性認同的方式，牽引著分析師不自覺地共演著某種不可抗拒的關係，例如：虐待式、威脅利誘或控制的關係，藉此便能讓個案不被憶起的潛抑材料變成行動，及干擾著治療運作的可能性。簡而言之，治療中的移情關係或許就像是「臘腸與狗」的宿命，千篇一律的演在個案心靈裡強迫支配的情感關係中。

卽便如此，李爾王的故事有一個部分，讓我們有機會

去思維關於移情，特別他與三個女兒之間的關係，劇本中寫大女兒二女兒極盡諂媚之事，滿足了李爾王的虛榮心，而小女兒說，「使我喪失父王的恩寵和鐘愛；就只是因為我缺少了那一雙只想乞求賞賜的媚眼，和一條我慶幸我沒有的舌頭——雖然沒有它，卻失掉了你的歡心。」在這裡我們看到了兩種作法，第一種是如同大女兒二女兒，一樣輕易的去滿足李爾王內在的欲望；另一種是像小女兒，抵死不從的不去滿足李爾王內在的無底洞。

　　回到診療室中的移情現象來看，佛洛伊德認為個案對愛的需索，就像是李爾王內在的無底洞一樣，法國精神分析家 Andre Green （1990）說所有的移情都包含了熱情與瘋狂的元素，像是被激發的要回到最初母嬰關係中，那種原初融合的狀態裡，的確，李爾王把自己的財產平分出去給三個女兒，想要回的就是與三個女兒更緊密的融合，缺一不可。然而，劇中的大女兒二女兒選擇去滿足李爾王，小女兒卻選擇拒絕滿足父親，招致後來兩方共同創造的不同命運。

　　在診療室中，面對個案透過各種方式表達對治療師的需索時，治療師似乎也常被限定在，給與滿足與拒絕給與滿足之間作選擇，例如：診療室中我們也常被問「我來治療會變好嗎？」、「你能解決我的問題嗎？」、「我這樣做是對的

嗎？」這似乎也預示了個案的心裡正在說，在人我之間、在愛與恨之間、好與壞之間、在滿足與犧牲之間、在生與死之間……都只能落入選一個二分法的分裂（splitting）困局。

景二、瘋狗浪的奪命之謎與逃命要訣

在暴風雨的場景過後，李爾王痛徹心扉的發現，原先以自我爲中心的原始自戀（primary narcissism）全然被現實的兩個女兒擊潰，劇中，李爾王說：

從前他們像狗一樣討好我，說什麼我黑鬍子還沒長出來，先有了白鬍子的智慧。我說一句——不管說的是什麼，他們就應一聲「是！」或「不是！」，只管唸著「是」、「不是」，這算什麼拜神唸經啊。那一天，大雨把我淋透了，大風颳得我牙齒打顫；我大叫不許打雷，可是雷打個不停！這一下我看穿了他們，這一下我把他們的氣味兒嗅出來了。滾吧！他們的話信不得！——他們對我說，我的意志就是一切——撒什麼謊！我還免不得打寒顫呢！

雖然李爾王的執迷其來有自，不論是因爲他的地位或他的權勢，使得他更有機會讓客觀的現實，來主動歸隊而順應

了他的期許，而並非如一般人需要自己時時弓下身子去查探現實，跟現實狀況交涉與妥協，成敗仍不由人。在李爾王的心智中，或許從來沒有想過，在他所謂「意志」的背後，是需要多少人長年累月的意願來餵養著他的需求、才能撐起那風帆徜徉在自戀的海灘。

　　相對於心中自有的理想，在現實面前，李爾王是沒有見過世面的人，而不願滿足李爾王的三女兒，或許也對此心生不滿，她在看似有選擇卻是沒有選擇下，堅持與現實站在同一邊，中立無華，不討好也不屈從，不願當個啃老族，但也想獲得來自於父親「客觀的愛」——如果他有的話，雖然聽起來柯蒂莉雅對父親的話裡，帶有著沒有要認同之意，但也沒有否認不愛父親啊！就像她對李爾王所說的「我愛您就像愛鹽一樣，不多不少。」雖不討喜，但是也不至於那麼的攻擊與挑釁，但是為何李爾王會如此解讀這個女兒，並且發動了自身潛在那麼大的仇恨感，自戀的風帆趁勢搭上這來勢洶洶瘋狗浪，一夕之間風雲變色，李爾王襲捲的怒意，沖毀了站在現實這邊的柯蒂莉雅，也吞噬滅頂了披著理想的自戀風帆。

　　或許這裡我們看到李爾王的自戀受傷，這又在重覆與迴避些什麼呢，這就不免讓我們想到伊底帕斯王的故事，引

用蔡榮裕醫師在2020年6月13日於臺灣精神分析學會學術之夜——回應樊雪梅分析師的《恐懼真相及其所延伸出來的某類防禦系統》一文中，樊雪梅分析師提到「伊底帕斯的悲劇，不只在於伊底帕斯弒父娶母，更在於它揭露了『掩蓋事實真相』、『對事實真相睜一隻眼閉一隻眼』的悲劇。於是，若『洞察』、『知曉』並非遙不可及，而是被漠視，或是被扭曲，那麼，我們要檢視並理解的就不只是『與伊底帕斯心智結構有關的衝動與焦慮』（oedipal configuration of impulses and anxieties），同時也包括『掩蓋真相』。（Philip Vellacott, 1971）」

　　對此，蔡榮裕醫師回應「關於真相，是樊雪梅分析師在文中強調的所在，從這例子，我提出另一想法，關於比昂（Bion）提過，人在經驗原始創傷後，如同散置的碎片（fragments），有好分子和壞分子都被投射出去的碎片，這些碎片如同散居人生大海的眾多島嶼上，如同因為吃不飽而四處移居的家族，這些家族各在孤獨島嶼上，開枝散葉，各自記得，當年故事的片斷。」

　　由上面的討論來看，李爾王或許有自身壯烈的個人故事，所以眼也盲了，心也盲了，是兜不起來的碎片所以看不到全景，是他暴戾的脾性又使稍事完整的珍貴訊息被摔得更

破碎，唯有碎片的尖銳才會傷人傷己，而完鏡不會。因而，三女兒說出的只是沒有要討好李爾王回應——「我愛您就像愛鹽一樣，不多不少。」，或許到了李爾王的耳裡聽起來早已不是完鏡的映照，而是來自於柯蒂莉雅對他所發動的碎片攻擊，即便她無意於此。

　　我們來看一段劇本裡的對白，聽到三女兒對他的愛只跟鹽一樣，不多也不少，只是盡本分來愛父王。

　　李爾王說：「這麼年輕，就這麼無情？」

　　柯蒂莉雅「這麼年輕，父王，又這麼真誠。」

　　怒不可遏、陰晴不定的李爾王說「怒龍已經發作了，快別來討情！本來，我最疼的是她，只想依靠她盡心供養，來打發我暮年的晚景。（向柯蒂莉雅）滾開去，別擋在我眼前！我今天和她割斷了父女的恩情，到入土之後，這口氣就消除了吧！去叫法蘭西國王來，聽見沒有？（這時廷臣們全都給李爾王的暴怒給嚇呆了。）」

　　法蘭西國王來了之後，忍不住問了：「這真是太奇怪了，方才，她還是您掌上的一顆明珠，您讚不絕口的話題，老年的安慰，最好，也最受寵愛；怎麼一轉眼，竟犯下滔天人罪，就此剝奪了她承受的層層恩寵……！」

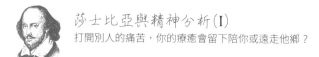

　　不論是充滿熱情的李爾王，還是暴跳如雷的李爾王，都可以看到李爾王強烈的執念火炬，這樣子的火就如同，和佛洛伊德合寫《歇斯底里研究》的布洛伊爾（Josef Breuer），面對安娜歐（Anna O.）的移情愛之火時心理的倉皇逃離，這把熊熊的火苗在診療室中駕馭了和治療師的關係，也同時間創造了阻抗的難題，面對要滿足或拒斥個案需求的選擇，我們在診療間內如同跟柯蒂莉雅面臨一樣的處境，治療師該怎麼做？該怎麼想？才能讓移情始終是在治療關係中最小的人為汙染下，仍能保有其原有的樣子，仍能在動力的位置上讓我們觀察，而不致讓我們被沒頂了。在《論佛洛伊德的「移情——愛的觀察」》一書中，提及佛洛伊德作了如下的結論：

　　「因此，對分析而言，滿足於病人對愛的渴求，就如同壓抑它一樣是個災難。分析師必須追求的過程並非如此；那是真實生活中所沒有的典範。他必須小心不要遠離了移情——愛，或者去駁斥它，也不要讓病人覺得這不愉快；他必須堅決地壓制任何對移情——愛的反應。他必須緊抓住移情——愛，但又將移情——愛視為不真實，認為那是必須在治療中度過，且回溯到潛意識的源頭的情境，而這必然會協

助把所有最深埋於病人情慾生活中的東西帶進她的意識中，因而受她所控制。」（盧志彬、范鈞傑中譯，邱顯智校閱，On Freud's: Observations on Transference-Love，頁184，五南出版。）

　　另外，在英國精神分析作家Adam Phillips《吻、搔癢與煩悶》一書的論述中，對於滿足與障礙，則有有趣的論點，在此，我請大家把滿足與障礙，也想成滿足與阻抗來思考，他在此大方的承認了「障礙」的價值，或說是阻抗的迷人性，因為停滯或被禁止的部分充滿了刺激，讓個人的欲望就此受人矚目。他寫道「對盧梭而言，滿足便代表了變異性的消逝。因此盧梭不能克服障礙（阻抗），而是必須要培養它們，期待是發明之母。……則他所創造的障礙（阻抗）能夠使他的欲望看來是不凡的強大，如此的對社會具有擾亂性的影響。」（陳信宏譯，頁156，究竟出版社。）

　　Adam Phillips繼續論說，他說「盧梭在此讓我們警覺到了對於障礙（阻抗）的愛好，這把我帶往一下個主張：第一，關係不是和客體的關係，而是和障礙（阻抗）的關係。或是換個方式從另一端來說：人會在生命中最受到變異性的脅迫時墜入愛河。為了要愛上某人，一定要把這個人視

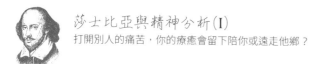

為障礙（阻抗），一種必須的障礙（阻抗）。」（同上，頁157。）

後面還列舉了不少關於精神分析的工作，或許也是病人一再建構障礙的過程，夾帶在與客體關係之間，他引用了費倫齊（Ferenczi）和巒克（Rank）在《精神分析的發展》（吳阿瑾、吳阿城中譯，遠流出版）一書的說法：「真正的阻抗並不會干擾分析的工作，事實上反而是一種必需品，且是控制其走的主要力量……當然阻抗的內容也很重要，因為這代表了病人在重覆而非記憶。」（頁160）。或許我們也從李爾王的對白中，看到他與柯蒂莉雅兩人，在互相抵達彼此之間如何設下障礙，且一再重覆著障礙，而非記憶起障礙為何。李爾王沒法說清楚，為何要在柯蒂莉雅身上設下重重的障礙，反之亦然。

李爾王：一丁點小缺點罷了，

哎，怎麼在你柯蒂麗雅身上啊，

就這麼刺眼，像毒刑般難以忍受，

逼得我違反了本性，從我心坎裡

割斷了親子之愛，反成了毒恨。

景三：雪地怪物與狗隊之謎

　　講到李爾王，講了移情，講了詮釋，講了迷人的阻抗，再來狗狗的第三部曲如題所示，此時若來一曲蕭邦降D大調的小狗圓舞曲，輕快調皮的曲風大概不太合拍，暫時心裡還奏不起任何的曲風，來談這荒誕又悲慘的色彩。最近熱切的在讀一本近二百年前的經典名著《科學怪人》出自瑪麗・雪萊（Mary Shelley）的作品。故事中帶出了科學與情感的拉扯，天資聰穎但理想偏執的科學家維克多，他從小對於起死回生一事特別的執著與著迷，當他靈光一閃決定用拼湊出墳墓裡的腐屍來創造一個人時，他在實驗室嘔心瀝血的創造了醜陋可怕的怪物，但是他眼睜睜的看著這個作嘔的怪物睜開眼睛時，卻又硬生生的拋下了他。怪物於是流浪在無端被遺棄、在人世間被唾棄、打壓，怎麼努力都沒有用的處境下，讓他感到對生命的困惑，及潛在對創物者維克多的強烈憤怒，科學怪人尋不著關於存在本身的解答，因而要造物者付出生命的代價來扛起責任。

　　這個故事值得深入探討許多面向，特別是關於科學及人性的失衡、造物者與被造者之間的關係，我們如何看待我的創造物？細細思索我們每一個人，每一時刻都創造了許多的

東西，只是通常在我們不知情的狀況之下，我們也有如維克多一樣的，不敢再回去面對自己曾說過的一句話、做過的一件事、造成的一個後果……就彷彿我們也放著這被拋棄的怪物，讓它自己在外流連長大，終至困惑自毀。

而詮釋呢？不也是治療師獨有的創造物，只是說出去之後，是死是活也就留給個案了。治療師或許也會有維克多的那個狀態——認眞負責、孤注一擲——要將所學到的理論，形成多麼精美的詮釋給創造出來，送給個案。當創造的詮釋一旦出了治療師的口，它或許就有了自己的人生旅程了，或許被個案厭棄、或許被留在心裡一陣子、或許也說不定，它的存在更迫害了個案……。治療師則需要眼睜睜的在每一次的治療，看著自己的創造物如何活著或如何死亡、虐待或受刑、鄙夷或欽羨……「我們創造了什麼？」、「我們如何決定要這樣創造？」或許我們也再追問的是，如何讓維克多與科學怪人再次接近？而非追捕拋棄，或許這也是每個治療師——創造者與詮譯——創造物要共同面對的命運。

不論是《創世紀》當中的亞當夏娃之果，或普羅米修斯所帶來的知識之火，求知的本質是一種強大的慾力，當沒有足夠底蘊的以他人或以社會面當作槓桿來作為支點力求平衡時，知識究竟會為人類帶來的是進步或是毀滅？如《科學

怪人》在書中，維克多本人的一段話：「我想著我把這怪物丟進人群之中，賦予他意志與力量去逞兇鬥狠，正如他已經犯下的這起罪行。我簡直把他當成我自己的吸血鬼，猶如我自己的靈魂從墳墓中被釋放出來，被迫去摧毀我所珍視的一切。」（黃佳瑜譯，頁40，麥田出版。）詮釋什麼？如何詮釋？常常是精神分析學習者在問的問題，事實上，不可諱言的，治療師創造的詮釋也充滿著個人的意志於其中。

最後，我們還是要回到李爾王作為結尾，巧妙的是，David. H. Guston在《科學怪人》的註釋中寫道「養育一個忘負義的孩子，比被毒蛇咬到還令人刺痛！」維克多的話，顯然出自莎翁名劇《李爾王》（Liv, 288-289）的典故；該書作者瑪麗讓主角維克多這麼說，也許是為了顯示維克多明白自己是科學怪人的父親；他明白自己的父親身分，但和李爾王一樣，他依然沒有充分認清自己的全部罪過與責任。」（同上，頁73。）

或許，某個在診療室的我們，也都會在治療的片刻，有時會想起可能有部分屬於自己的李爾王和維克多。

【講員介紹】

陳瑞君

諮商心理師

《過渡空間》心理諮商所所長

臺灣精神分析學會會員

臺灣醫療人類學學會會員

臺灣精神分析學會推薦精神分析取向心理治療師

臺灣精神分析學會《台北》心理治療入門課程召集人

松德院區《思想起心理治療中心》心理治療督導

國立臺灣師範大學教育心理與諮商所博士班研究生

聯絡方式：intranspace@gmail.com

四、
小丑愛說笑的客製化意義：不同故事的詮釋
相互交媾成語言的亂倫

陳建佑

前言，語言的活與死

　　這是個相當精神分析的標題，相信許多人在看到的當下，腦海會浮現許多畫面：是跟小丑有關的？客製化？詮釋？還是交媾與亂倫？然而我想從「語言」作爲開頭。這麼一個雙方在題目上認知的交會，源於我們各自對於精神分析的想像、對於上述詞彙的想像，像是我們各自的生命故事在此互相對照。我想到還沒開始學習精神分析以前，（其實現在也會）聽別人說精神分析就是個乳房陰莖滿天飛的學門，這種充滿畫面的說法可能引發某種初級歷程也說不定，但也讓我懷疑，這樣充滿情慾的論說，是怎麼產生治療的效果？甚至很可能如禁忌般是冒犯的？直到我明白象徵的概念，才逐漸讓我離開那個充滿畫面的想像，開始發現能指／意符（signifier）還能連結更多所指／意指（signified）。持續

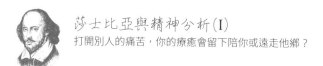

連結的過程如生命有活力地創造各種可能，藉此原本相異的
概念，經過雙方如此的灌注得到交流的可能。

> 柯蒂麗雅：但也不見得，因為我確知我的
> 深厚愛意遠非唇舌所能表達。
> 很不幸，我實在無法把心裡的話
> 掛在嘴上講。我愛護您、父王，
> 按照我的本分，不多也不會更少。
> 李爾：怎麼啦，柯蒂麗雅？把妳的話修正一下，
> 不然你會毀掉自己的產業。《第一幕，第一場》

　　然而，怎麼柯蒂麗雅的情感，看起來卻難以傳達？這在
其他場合並非不尋常，在精神分析取向的心理治療中也是如
此，但要能說得清楚，更是困難重重，或許因為「精神分析
模式及其理論出自基礎的假說與推測，這些是經歷混合了以
下事物所得：臨床經驗與自我省思、觀察性的智性活動、直
覺、自由懸浮的注意力、推論、事後作用所賦予的意義以及
抽象的表徵。因為精神歷程的審查發生在潛意識，我們很難
得到觸及或測量的方法，進而確切證實這些假說與推測。」
（1），p203 或許在李爾與柯蒂麗雅之間，也存在著難以用

科學確切證實的，未能現身的假說與推測，使得女兒的語言在出發半路就墜落，其所指的情感未能在交流中活過來。

　　美國精神分析師Blechner描述了一種診療室內的現象（2），他發現當個案在會談尾聲所談論的內容，與他在一開始所談論的幾乎相同，那麼這次的會談中的潛意識材料很可能沒被處理：他認為這種第一言與末一語的關聯，如潛意識變化或者連續性的徵兆也可以適用於人際互動中。是怎樣的空間，讓話語無法攜帶情感著陸？我們該帶上什麼儀器才能偵測這些在潛意識裡的信號燈？我們能否弄清楚塔台的正確頻率，使得語言不被當作敵人，不會在高空砲火中死去？

暴風雨三人會議

　　在第一幕，肯特伯爵與柯蒂麗雅的企圖，像是引發了某種內在的亂倫禁忌，像是觸動攻擊訊號「我的混亂是由你們造成的」被驅逐出境，如代罪羔羊般承接了李爾王的內在混亂；直到李爾從他另外兩個女兒的話語中失去錯覺，來到第三幕【暴風雨】，在現實裡走入他心中的暴風雨，取回屬於他自己的痛苦，一無所有，只剩愚人這個有牌的諷刺藝術家（all licensed quip-artist）一人在旁。然而也正是這

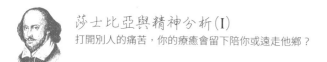
個時候，愚人以他的能力來「對李爾王不斷惡化的瘋狂開玩笑」，這反而像是種順勢療法，形成了給李爾王的心靈安全網，在柯蒂麗雅到來之前不至於真的墜落。（4）

在禁忌裡瘋癲的死與枯槁的活

在秉持精神分析態度形成詮釋的過程，勢必是從個案的不同故事裡找出它們之間以及此時此刻在移情關係中的某些共通性，用我們的概念形成對於潛意識的假設與推論，但有時候個案對於移情詮釋的反應，不見得會認同我們的論點，並且表示這些故事之間有所不同、甚至會覺得我們誤解了故事的某項內容，自己要再把這些故事說一次來矯正我們錯誤的觀察和連結。這種現象像是說明一旦我們使用自己的邏輯來萃取故事之間的共通點，進而形成我們對於個案潛意識狀態的推測，以某種移情詮釋的方式傳達之際，這些故事或者詮釋就有了我們所賦予的主體性，這與個案將他們說出之始的主體，是不同的，對個案來說，後者不可被隨意抽取的，而是必須維持原來的故事和其他內容緊密的關係，但是這種親密性，在我們的詮釋脈絡作用之下，卻像是讓這些不同故事之間發生了亂倫關係，使得個案要理解時顯得抗拒，

覺得我們的移情詮釋——對於他說的任何故事都跟治療師有關——明明就和治療師不相關，是因為我們只在意自己的精神分析，並且顯得我們太自戀了。這個我們與個案、李爾王與柯蒂麗雅都各自有話要說的僵局中，語言已不是為了溝通服務，它會要自己表達自己的想法，並運作讓結果如同自己的期待，像是佛洛伊德說的自我的三位主人：原我、超我和外在環境，它們只要自己的欲望能被滿足。驕傲的自戀是不會被輕易打擾的。它在偏執狂的保護下，只需要順從，並能將反映其局限性或激起自我批評的一切驅逐出境。

　　Blechner 認為李爾王過去在受約束的社會中、在潛意識的亂倫禁忌中活著，無法在這些限制底下對生命充滿熱情，這在他年邁之際重新爆發的，像小說《魂斷威尼斯》主角作家無懼瘟疫留在威尼斯，為了不要與心儀的少年分離——在一無所有後，他們才讓自己的熱情傾瀉而出（2）。要說這種亂倫的欲望是如同伊底帕斯神話的弒父戀母般，李爾王則是慾望著他的女兒，也或許會有「李爾王情節」，但若這是發生在診療室的幻想情節中，我們該要把它當真，告知其家人以阻止它在現實中發生？在診療室中，若不單只從字面理解（李爾王的亂倫，就等於他想與女兒們性交），像Green提到「我們必須銘記乳房的隱喻，因為乳房

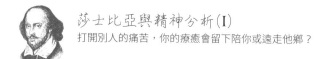

及陰莖，只能是象徵性的」（6），用隱喻理解精神分析：乳房與乳汁隨著嬰兒長大，慢慢得到它們的意義，是溫暖與滿足的借代與表徵，而後者再成爲母親功能的展現，以及母親這個客體。當我們使用隱喻的角度觀看這個亂倫幻想，它也可以是潛意識中「其他欲望」被這種亂倫情節勾起與表徵。而個案／李爾王的故事的欲望會是什麼呢？在被指責爲話語亂倫的始作俑者，像是在被推入一個與溫尼考特所形容的過渡空間——這個介在嬰兒自我與母親自我間的地帶，可以允許嬰兒幻想的活躍與促進相互理解，做爲難以接受的現實進入嬰兒自我的緩衝——風景迥異的地帶，這個被「作爲侵擾者」的指控塡滿的空間，分享了觸動禁忌的情緒，在此之前，柯蒂麗雅的眞誠與肯特的忠心，是難以打動李爾王的欲望、這股話語所再現的「熱情」。

　　這種熱情只有在他感覺生命不再有什麼是可以被毀滅的，才能孤注一擲，同時具有生命與死亡特質；卽使是亂倫的，那樣的欲望或熱情中也存有與客體產生連結的需求，卻也同時有著禁忌，遂行願望是會毀滅過去既有的。但也有可能，這種熱情是種從對於死亡（卽將失去所有的這個既定事實）下方，逆向（我想要得到什麼）並且反轉（得到這個，可能讓我失去什麼）迂迴地綿延千里，離它的源頭足夠遙遠

後，才膨脹而出的、虛假的偽裝。欲望與亂倫禁忌都同時存於個案內在現實，而潛意識的首要目的並非實踐欲望，更像是爲了與禁忌共存，其目的不只是客體，可能也是對於死亡的逆反，但是這樣的掙扎本身也像是說著潛台詞「我已經無計可施了」或者「我感覺不到生命了」；這種無計可施的堅持，卻得守著這些過去活過的認定，不能欲望治療師萃取的、有自己生命力的詮釋，否則對於過去出於某些未明原因，對自己的約束，就像是亂倫般，會帶來生命威脅的。

　　Gregorio Kohon描述某種邊緣性特質，其混亂跟「愛與恨的混淆」有關，治療師的詮釋會威脅到個案對於精神病性的母親角色的自戀式認同，因而把詮釋視爲羞辱，治療師溝通的企圖則變成創傷的重演（1）。這種帶有禁忌感的生的需求，或許可看作心靈結構因自戀受傷而退行至伊底帕斯前期的狀態，在那裡的精神病性母親角色，絕非有血有肉的那種，而是作爲潛意識結構的再現，同時擁有如前述的亂倫禁忌般（我眞的不能欲望我的母親）強大的力量，一個由內而外的單向閥門，客體則被精神病性地，視作戰爭的代名詞，如同一開始柯蒂麗雅的直接回應、如同治療室中過早又精準的詮釋，它像是從無意義（死亡、去灌注）中長出花朵，但凸顯了死亡，讓自我把對於死亡的恐懼，轉向這些有

生命的詮釋，唯有使之消失，恐懼才能再度隱身入幕，但否認、抹除治療師詮釋的企圖，反而成爲了死亡的一部分。此時，任何外來的現實，都形同被害的抑鬱式焦慮，這種憂鬱和焦慮的侵擾，位於邊緣性狀態困境的核心，其無法解決的矛盾情緒，像是Green（1977）所說「neither yes nor no」，起源於難以被接受的失落，與難以象徵對於客體的需要。

這種失落如死亡的隱喻，而死亡是無可知的，未概念化甚至無法被概念化的，是死亡驅力本身在生者內部釋放，並且傳遞出去的跡象。死亡本能是感知自我的毀滅，是對感知自我的毀滅；拉岡的說法是「這是一個與眞實的交會」，在這個沒有邊緣的深淵裡充滿混亂的陌生感，也傳遞了凍結的時間（3）；在這個難以忍受失落的空洞中，無論客體的在場與缺席都是侵擾。此時這個客體不再是現在的客體，而是古老的那個，記憶的客體：在事後若客體因爲自我揭開嬰兒期的失憶——在心智最深處甚至逃離自我的管轄範圍——進而重拾它，也仍是注定失去的……。

Suchet在他遭遇與個案的種族問題時發現，拒認自己未曾認清的、與自己過去認同自己的民族，因而未曾眞正活過的那些自己，是自己抑鬱的來源；在還沒經歷這個過程以

前，心靈的某一部分就像是被殖民一般，也同屬殖民迫害者的一部分。被拒認／否認的防衛解離的自己，只能如鬼魂般——在潛意識中，被當作陌生異己的他者——透過自我的各種投射，回到當下與客體的關係（3）。

如蔡榮裕醫師在《不是想死，只是不知道怎麼活下去：每個孤獨，都有自己的個性》中，討論孤獨時的側寫：

「他依然活著，過著日常生活，但是他的內心裡，有些地方已經在當年的失落和失望裡，死去了；失去的不只是外在客體，也有自己的某些部分跟著死去，但是以銅像的方式存在——過去就像銅像的自己。他替自己膜拜自己的銅像，這個活下去的自己，卻可能在路過自己的銅像時，遺忘了當年的故事。當年的『死』，是以什麼方式影響著他呢？」

這種失落與死亡，並非完全在意識中的消失，而是成為在意識之外的潛意識鬼魂，以某些意識的審查機制未能察覺的方式，試圖回到意識。例如李爾王在Cordelia身上感受到的那些，激情與禁忌的矛盾，以及其下方的失落。

「（移情）重新造出我們掌握不到的，重新造出現實的失落，隨著語言、以及口語帶入感知中意義的缺陷，所出現的失落，這移情，它不是用字詞說出，它逃脫言語及思維，它本身幾乎不是一種言語，它讓一個未知的、負向的現實變

得在場。移情不是一個行動中的回憶，而是一個行動中的失憶，一個無意識動能的再生……」（p.112）——它絕非只是要告訴別人它的失落而是種再生，然而這過程將無可避免地，也再生了它的生命力，變成行動化（acting out）的砲火，對著那些亟欲幫助它回國的客體。Joyce McDougall（1980）對行動化的形成過程的討論中，提到它在調解張力的行動化與釋放的功能：

「首先有某些東西被放到（本身或分析情境的）外面，在心理上這原本應該要被留在裡面並且被處理；接著，張力被排出或流失以至於沒有任何內部衝突留下。焦慮或憂鬱的情感被保留在意識之外，否則這會使個體的處理能力難以承受。」

在她對身心症現象的探索中，McDougall描述精神衝突被拒認，並且被丟出心靈之外，藉由身體以及身體的功能來釋放。她推論在精神生活的開端，身體被經驗為屬於外在世界的客體。這種知覺的狀態持續存在於夢境生活之中以及某些精神病狀態之中，在其中整個身體或是『身體的某些區域或是功能被當作是獨立的實體，就像是屬於或是由另一個人（Another）所控制』（McDougall 1980, p.419）。（7）若用這種身體被經驗為屬於外在客體的方式，來想像

潛意識中李爾王的欲望，女兒作為「真正獨立的卻又有血緣親近的實體」這樣的客體，提供了如Freud描述：「在自戀體系中，最敏感不可碰觸的是自我的不死，可以在孩子身上找到庇護所以躲避被現實逼迫的危險。動人的雙親之愛的深處，是幼稚的，無一除了是雙親自戀的再生，轉化成客體愛但仍準確無誤地展現它前身的特質。」（9）的功能，可能在自我的使用（移情）下，達成一種微妙的平衡：在觸犯禁忌的邊緣卸除亂倫的欲望，又無須直視欲望深處的衝突——那個它被變成鬼魂的原因。

客製化幽默與偷渡

偷渡

這種無意識把真實客體當作自己的延伸般地使用，失去了內在與外在的界線的精神病症狀態，其在治療室中的一個最易預測的特質，是對於夢工作所提供的重要功能的抑制：記起、連結的功能，這樣的功能失效也會反應在自我與客體的關係，治療師透過聆聽作用（listening activity）來重拾夢的功能，並且更積極地參與在移情幻覺（transferential hallucination）之中。這個聆聽作用在病

人的自我失效時，暫時取代它，並且提供觀察以及承受幻覺場景（hallucinatory scenario）的發展，就好像讓幻覺回到夢場景（dream scene）。不能做的夢形同幻覺，由治療師幫忙做，在劇中愚人提供了類似的作用，延續Cordelia對於李爾王的詮釋：後者需要把前者納入他的潛意識激情中，不同於Cordelia單刀直入的話語，愚人拐彎抹角地說話，同時在歌唱與玩笑話中，毫無保留地指李爾為傻瓜（跟我一樣，但是傻）——失去激情理由活著的人，同時他也理解李爾瘋狂根源中的性：

> The codpiece that will house
> Before the head has any,
> The head and he shall louse:
> So beggars marry many.

（III.ii.27-34）

codpiece，遮陰布，是覆蓋生殖器的衣服部分。愚人在說：把生殖器放在頭頂的男人，把情慾放在理性前面的人，將走向瘋狂和痛苦（He who houses his genitals before his head, who puts his lust before reason, is headed for madness and penury.）。同樣，愚人經常提到淫蕩（lechery，從詞源上與「leer」相關），就像垂死

的屍體中激情的出現：「現在，在野外生了一點火，就像是一個老登徒子的心——小小的火花，其他部分的的身體都冰涼了（Now a little fire in a wild field/were like an old lecher's heart-a small spark, all the/rest on's body, cold）（III.iv.110-112）」

這些精緻的言語設計，像在行動化這個沒有語言的過程中，加入了夾帶那些當初被排除在外的碎片在新的客體所說出的、看起來不屬於自己的語言中，像是潛伏在細胞中的病毒，經過特製的抗原與細胞表面的抗體結合；或許二女兒雷根描述的沒錯「他幾乎從不知道自己（He has ever but slenderly known himself（I.i.292-293））」，愚人爲李爾王客製化了他能接受的「語言」，爲了讓對自己所知甚少的李爾王更接近自己的潛意識。

在劇本設定中，女兒與愚人的演員可以是同一個，這似乎也像是身爲被使用的客體，他們的目標類似，但兩者的方式截然不同。愚人的功能像是品酒師的「品現實師」，他把國王的幻想及其瘋狂帶入遊戲中爲他戰鬥，並且在他失去理智時退身；藉此他與李爾的固執——他對女兒們的要求、他對於眞實的暴怒反應周旋，並且透過埃德加假裝的瘋狂與李爾不理性的結盟，進一步地引介更多眞實。這個過程需要謹

慎評估現實的劑量，不要太快地把國王從他的自我欺瞞中拖入對於他愚蠻行為的覺察。這仰賴愚人對國王的理解，也需要對於時機、詮釋多樣性的掌握。（4）

　　遞了三次帽子把肯特拉進來玩 "There's mine! beg another of thy daughters"（I, iv, 111），在這次的遊戲中，他讓李爾王被動地感受愚人自己所經歷的，這種他自己曾經歷的羞辱，轉為主動的參與，讓他在這個重複中，置身事外地觀看，像在處理他人事務般，替自己的過去創傷重新尋找出口。** 第一幕第四場 **

幽默

　　在Negation這篇文章裡，Freud說，自我會定期發散少量的灌注於感知系統，透過這個對外界刺激的取樣，在這些試探性的進展後，它會再撤回。判斷什麼是好的就吞進來，壞的就留在外頭。詮釋就如同餵養可以帶來更多對於外在現實的理解的洞見；修通則像是咀嚼、反芻再咀嚼，這是需要時間以及健全的自我——如他慣常般，透過刺激接受一些，並吐出一些，自我就此逐漸變得強壯，這是自我界線發展的正常振盪。

　　Freud（1925）認為，透過否定自己，潛抑的內容會

自行找到通往意識的路。Negation雖然是種辨認且減輕潛抑的方式，但它仍——理所當然地——無法接受被潛抑之物。因此即使我們透過理解否定的作用，明白其中的潛意識足跡，仍須考慮到，任何精準的詮釋都可能導致嬰兒客體失落，以及輕微的憂鬱。對於自我界線脆弱且潛伏著精神病性核心的個案（表現為有著自戀人格疾患或異常不穩定的自我邊界），這些詮釋可能被全部吐出，或者全都被吞下去——成了自我邊界被入侵的經驗——並且帶來更深層對於失去自我的焦慮。這些精確的詮釋會帶來不同的自我觀點，也會引發嬰兒自戀的受傷，若讓這種自大的幻想因詮釋而潛抑，即便再精準，在治療中也可能是不正確的。

　　這種詮釋所帶來的亂倫感受，再現了嬰兒式的自戀自我不再存在的憂懼，如同幻想中回到父母交媾的原初場景，自我是被排除在外、失去連結甚至是帶有死亡況味地威脅到存在的——在治療師這個客體思維之中，發生了自我無法觸及的形成詮釋的能力，治療師與他自己的思維成了一對配偶，將原始的自戀自我排除在外；即使在伊底帕斯式的幻想中使用客體：讓它發生在父親這個客體身上，就能暫時維持不死；然而除去父親以消除原初場景所帶來的孤絕感受，對於死亡的憂懼仍會以幻想中父親的報復回到意識，引領再一

次的死亡及其重複——把死亡交給了別人，自己就不是受害者；讓他者成為禁忌，自己就仍有鄉愁。

Freud討論幽默時，提到的可親的超我，可以安撫被現實震撼的自我並且協助減輕潛抑的程度。這能促使原本在自我的灌注轉移到超我上，自我可以使用超越的態度面對現實的挑釁（開了個玩笑，超我也跟著否認現實），此自戀的勝利也同時發現在更廣闊的視角來看，自我的無關緊要。此外，治療師代言的友善超我，對於個體與其獨立發展的愛與尊重，體現於其客觀性與中立態度。客觀性使治療師可以面對個案扭曲的移情內容，並且不逃避於被個案使用。此外，不受個案自戀受傷的過度敏感影響，治療師可以樹立一種態度，勇於擱置常識並暫時接納荒謬，使得潛意識的嬰兒式幻想——藉由捲入客體以否認現實來減輕焦慮——的意圖有機會被理解。

在追尋但仍逃避知曉現實的掙扎後，人類不僅創造了藝術和神經症，而且還創造了玩笑和謊言（4）。但是廣義而言，使用幽默不是真的要說笑話，或者企圖削弱外在現實，來幫助個案的嬰兒化（infantilization），而是一種態度；這也或許是為何直到最近，幽默的作用在精神分析取向的治療中才被思考。幽默不是為了與個案競爭機智也非為了誘

惑個案，不是爲了逃離現實或者模糊的詮釋，也不是反移情的出口，他更像是在治療互動中，爲了增加覺知的合作的邀請；它要在穩定的治療關係下發生，這個基礎可以支持觀察性的自我（observing ego）並且關注阻抗。幽默可被用來培養一種溫和但重要的情感氛圍，使觀察性的自我與治療師有更自由的互動，可內化成爲一種心靈內部的交流工具，促進潛意識與前意識的自由互動，有利於保持情緒穩定和自我邊界的功能。在某些關鍵時刻，即使沒有精確的詮釋，透過幽默帶來的笑，減少情感兩歧移情的張力，也降低對於源於潛意識攻擊性所帶來遭受復仇的恐懼，而輕鬆的幽默也有助於以性作爲阻抗的詮釋。

幽默得以保護個案的自我界線以及貧弱的自尊，這並非模糊詮釋或者掩飾眞實，而是減輕眞實的洞見對於嬰兒性自戀的傷害，並在適宜的情感氛圍中提供有益的見解，其作用如同某些個案會暫時離開治療以稀釋強烈的移情般，暫時從焦點上移開是爲了能再回來看下去。而這需要愚人般不懈地嘗試在幽默的話語中偷渡詮釋——其目的是藉由讓觀察性的自我發現更多被驅逐出境的碎片，進而成爲更整合的自我及其測試現實（reality testing）的能力—— 這是需要堅定且隱微的覺察、對個案話語亦步亦趨地撫觸，以及對於時間的

掌握等精緻的藝術。根據Kohut（10），最深刻的幽默形式可能代表了自戀健康的轉變，使我們能夠面對死亡而無需訴諸於對客體的否認或狂熱的過度灌注。這樣的幽默代表從自我身上的去灌注，轉而投向超個人理想以及人類所認同的世界，無須自大和高亢，而是安靜的內在勝利與不再否認的憂鬱，兩者交織的意象。

歸鄉

在最後一幕，李爾王帶著死去的Cordelia上台，這個他最愛的女兒從過去成為他對死亡焦慮的載體，如今成了死亡的載體。當他說「我那可憐的傻瓜給吊死了。沒有，再沒生命了！（And my poor fool is hanged. No, no, no life!）」某些專家認為那是劇本的刻意安排，因為過往舞台上不允許女性演員登台的規矩，以便出演Cordelia與愚人的男演員可以是同一人，但這也可以說是李爾的潛意識中，這兩者是有連結的，他們的目的，都是為了讓真實進到李爾的意識、讓他的鬼魂歸鄉。

為了不要失去這個真實的客體，他只好面對自己的死亡。

哲學家Emannuel Levinas在他的著作Totality and

infinity（1969）提到「他者的陌生（strangeness of the Other）是無法化約成我思考或我所擁有的」把Other擺在自己之前，允許與他人交會時的提問浮現，他者得以他的臉龐存在著，不單只是物理性的表徵，而是「在一種他者表現他自己的方式，超越他者在我心中的概念」。這個Other就像是潛意識的核心特質，維持他者的空間，其需求與我們在面對自己的內在他者或我們的「他者」自我，具有相似的能力。當自己成為他者眼中的觀察者，且他者也如此看著自己，完整的人性即存於其中。

Levinas描述某種內在經驗，個體迎來他者——作為一種超越——介紹並接納遠在自己之外的事物：透過開放的認可和接受，創造一個和解並相互合作的，流動的空間，我們擁抱一種能力：可以被感動、觸碰、允許自己與他者相互浸潤（entered reciprocally）。雙方唯有在類似流動、不斷變化的基質中自由地重新共演：將無可避免地在內化的自我與客體關係之間擺盪。在其中客體必須掙扎地獲取過往被解離——因為無法承受、無法被象徵化且難以企及的那些碎片，避免歷史的僵局重演。好像也可以說，這個Other帶著流浪在外的李爾王，走入了他心中的死亡——真正的死亡還未發生前，此處隱喻內在的死亡，那個未曾被意識的光照

射因而沒能活過來的潛抑之處——如治療師先理解自己的投射認同／共演衝動的緣由，也同時理解個案禁忌之所在，阻擋想將個案這個他者化約於己的欲望：對自己的認可並非了解自己，而是將自己臣服於道德、一種超越性的經驗，亦即「把那些非我的納入我之中」才選擇以幽默的方式走進深淵。最後，因為自我成功地內攝（introjection，藉由與客體的接觸，將潛意識之中，客體所能再現的欲望納入自我的過程）了潛意識的欲望，客體可以只是客體，當轉喻的客體成為客體的隱喻（6），亂倫的禁忌所再現的潛抑，得以自由。

References

（1）Green, A et al. (2009). Resonance of Suffering. Karnac Books

（2）Blechner, M.J. (1988). King Lear, King Leir, and Incest Wishes. Amer. Imago, 45(3)：309-325

（3）Suchet, M. (2010). Face to Face. Psychoanal. Dial., 20(2): 158-171

（4）Brown, D. (2003). King Lear： The

Lost Leader; Group Disintegration, Transformation and Suspended Reconsolidation. Organ. Soc. Dyn., 3(1)：134-152

（5）Rose, G.J. (1969). King Lear and the Use of Humor in Treatment. J. Amer. Psychoanal. Assn., 17：927-940

（6）Green, On Private Madness

（7）Conflict. 精神分析字典

（8）《不完美的分離》

（9）Freud. On Narcissism

（10）Kohut, H. Forms and transformations of narcissism American Psychoanal. Assn. 14: 243-272, 1966

（11）Freud, S. The theme of the three caskets 1913 Standard Edition 12, 289-301 London: Hogarth Press, 1958

【講員介紹】

陳建佑

精神科專科醫師

臺灣精神分析學會會員

精神分析取向心理治療師

高雄市佳欣診所醫師

聯絡方式：psytjyc135@gmail.com

五、
詮釋都有著冒犯自戀國王的高風險：會有個「李爾王情結」之類的嗎？

王盈彬

這是一個和詮釋相關的題目
不只
這是一個和形成詮釋有關的題目
再聚焦一些
這是一個和「形成」有關的題目
當「形成」可以成型
詮釋才能邁開腳步

　　莎士比亞筆下的悲劇之一，李爾王，其情節是一則在日常生活中不算少見的故事架構。隨著莎士比亞的劇作文本歷代流傳，這個故事情節的基本精神和架構也隨著時代不斷的推陳出新。不斷改版的李爾王反映了時代的需求，也成為當代的安全詮釋，詮釋著時代改變的脈絡，當然也有著個人的遭遇和理念的夾帶與鋪陳。

讓我們跟隨著弄臣幽默的腳步，先擷取一段和劇場的現實技術層次相關的改版為案例，讓接下來鋪陳的悲劇，也可以有更多的層次，讓這看似幽默的片段底層，嵌入一層「安全」的運作。

　　「李爾在四個椎心刺骨的『哀號吧』聲中抱著柯蒂麗雅的屍體上場，這是莎劇中最最動人的出場，往往可以引人熱淚。但這個出場古往今來卻難倒不知多少名演員及名導演，主要是萬一柯蒂麗雅肥胖甚至結實，可憐的李爾就很難一口氣把她抱到台口，而這個出場為了引人熱淚，李爾必須要自後台開始，獨立抱著屍體走向三、四十呎外的台口。十八、十九世紀的英國職業劇團講究演員資歷，主要演員都有『獨佔的角色』（the "possessed parts"），像柯蒂麗雅這種討好的角色都由年紀較長的知名女演員飾演，這些女士多半過肥，飾演李爾的演員，尤其年老的明星，在這個出場時就要受苦，口中的四個『Howl、howl、howl、howl！』往往變成真正的哀號了。……很多專家學者也爭議為什麼莎翁要讓柯蒂麗雅死去……這個情結安排未免太突兀了，也太令人失望，更違背了『公正的自然意義』（natural ideas of justice）。十七世紀後期到十九世紀中葉的讀者觀眾分明也有同感，Nahum Tate的大團圓版本之廣為流傳，也不

是偶然的現象。二十世紀及今日的讀者與觀眾，觀念遠較以往開放；他們雖不見得喜歡柯蒂麗雅的悲慘結局，但亦會處之泰然。正如Jay Halio教授所說，經過納粹黨徒屠殺猶太人及廣島原子彈爆炸等等驚天動地的慘況，柯蒂麗雅的命運僅是一個『經驗的真理』（truth of experience），與『公正的自然意義』好像無甚關係了。」（註一）

　　這些層次的鋪陳也隱含一個目的，可以把目睹的現場，變成口述歷史，再變成一則傳說，再轉換成一則神話，其中也因為有著安全原則的運作，讓現場的恐怖，自然的以一種可以被消化的層次流傳著，或可警惕後人，或是幫忙消化著那慘不忍睹的吞沒。「安全」讓一種連續性出現，減少了斷層。

　　「形成」可以說是由各路人馬聚集而成的一個基礎建設，是「安全」的一個重要的基礎關鍵，因為弄臣的「詮釋」冒著一些危險，必須來來回回的斟酌和衝撞，讓自戀的國王有機會聽入，才有機會讓現實和想像持續交流，不會一直禁錮在痛苦的煎熬中，這也是「弄臣」這個被設定的特殊身分，才可以在說出真話時，免除一死。接下來，舞台上的布幕拉開，觀眾期待看到甚麼，且讓我們入戲吧。

　　「Kohut認為崩解性焦慮是所有患者中最深的焦慮，

並認爲佛洛伊德所描述的任何形式的焦慮都不能與之等同。潛在地，他認爲這甚至可能比對死亡的恐懼更大。如果是這樣的話，那就是這樣的觀點，卽爲了逃避崩解性焦慮（disintegrative anxiety），患者可能會選擇自殺，因爲崩解性焦慮比死亡的恐懼更令人無法忍受（Kohut，1984，第16頁，第213頁）。」（王盈彬譯）（註二）

一、台上人生

> 戲如人生
> 王國的崩解
> 演出團體的整合

戲如人生，常常是要演出人生的無奈和痛苦。故事總是這樣開始的，從小到大編織的夢想，朝向夢想前進的努力，途中遇到了阻撓或不足，無法兩全的抉擇隨侍在旁，大成功的完結目標總是大快人心，這樣的開場老梗，總是有其吸睛之處。然而，悲劇，經歷了一樣的路程，卻面臨了無法美滿完結的僵局。

第一幕第一場^(註一)

李爾宮中大廳

李爾：寡人已把國土一分爲三，決心要在晚年擺脫一切操心
　　　和煩惱，將國家大事交付年輕一代……你們之中到底
　　　誰最愛朕？讓朕可將最大的一份恩賜，賞給最具孝心
　　　的對象。高納麗，你年紀最長，先說說看。

高納麗：父親，我對您的愛，言語無法表達，勝過這對眼
　　　　珠、整個世界、和人身自由。遠超一切物品，不論
　　　　多珍貴多希奇，不下於生命，包括儀態、健康、美
　　　　貌與榮譽；正如子女能愛父親的、父親能接受子女
　　　　的，我這份愛意足使言辭失效唇舌無力，這一切比
　　　　方其實都無從將它充分表達。

柯蒂麗雅：（旁白）柯蒂麗雅該說什麼？愛吧，但別開
　　　　　口。……

瑞根：我和姊姊有同樣的氣質，請您把我和她同樣衡量。在
　　　我內心深處，我感覺她已經把我的愛意表達。只是有
　　　些話她還沒講完。我是一切其他快樂的死敵，我厭棄
　　　人身知覺所能感受的快樂，只在父王您對我寵愛的時

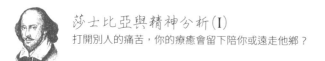
　　候，我才感到無比的幸福與快樂。

柯蒂麗雅：（旁白）多可憐的柯蒂麗雅，但也不見得，因爲
　　　　　我確知我的，深厚愛意遠非唇舌所能表達。……

柯蒂麗雅：我沒話說，父親。

李爾：沒話說？

柯蒂麗雅：沒有。

李爾：妳不說朕就不給。再說說看。

柯蒂麗雅：很不幸，我實在無法把心裡的話，掛在嘴上講。
　　　　　我愛護您、父王，按照我的本分，不多也不會更
　　　　　少。

李爾：怎麼啦，柯蒂麗雅？把妳的話修正一下，不然你會毀
　　　掉自己的產業。

　　「該劇以近乎童話般的自戀開始，年邁的國王希望保留
其主權的所有象徵，卻放棄其所有責任。在這種情況下，他
不顧一切讓（不久便陷入武裝衝突）焦點位置陷入混亂，這
焦點位置是這個人屬於分級制社會中政治的焦點位置——王
權。」（王盈彬譯）（註三）

　　原本以爲是童話般的故事，卻面臨了最眞實的殘酷，

童話變成了無止境的惡夢，一切的混亂，將進入一種求生之戰，為什麼是求生，卻不是像當今的民主國家一樣，換了總統，各部門還是如日常般運作。國王放下的王權，讓原本架構好的國家團體，面臨了變動，原本每個角色都有其對應的位置，即將面臨考驗，考驗的是當初架構的過程中，「形成」的支架和鉚釘的本質。也就是團體形成的本質。

　　隨著時代不斷改版的莎士比亞劇作，台上的演員配合著劇本，同心賣力的演出彷彿的當時，要努力的把話講出來，把動作演出來，讓觀眾可以更臨場的感受到當年的氛圍，要接軌的是劇本的章節內涵和觀眾的眼光焦點，那也是每位戲劇組員的專業和生命，最後要贏得掌聲。在李爾王的時代，違背了王命，意味著酷刑的到來，挖掉眼睛，砍頭去命，想想當年的氛圍，應該是在言語前，就把思想給封在嘴邊，甚至是必須像思想犯那樣，把想法直接禁錮在無法有想法的地窖中，而被遺忘或否認（negation），也算是一種當年的賣力演出，要把自己藏起來，更遑論合作這件事。這是因著戲劇舞台的存在，而衍生的對比是，要「活力、熱情、合作」的演出當年的「肅殺、無情、隱藏」。

　　既然是一種演出，就需要有觀眾和票房，演員對自己演技的肯定，有一個部分來自觀眾的回應，所謂鎂光燈的焦

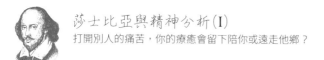

點，就來自掌聲的堆砌，當然也包括實質的收入了，如果有些演出是公益性質，或是答謝性質，所謂的收入就轉變爲抽象的精神。獨角戲，應該是另一種孤獨的範疇了，或許演員們的內在，或是當年潛藏在每個人心中的情節，會是一種截然對比的負性歸類。

「正常的成人自戀功能，假定是一個相當穩定的超我系統，在這種系統中，自我批評在現實中是善良的。正常的成人自我理想（ego—ideal），並不要求完美或萬能的成就和精通。當發展不受干擾時，通過內攝（introjection）和仿同（identification）的作用，可以將孩子與父母的關係轉變爲穩定的自我理想結構。」（王盈彬譯）^{（註二）}

但是，在李爾王聽到了柯蒂麗雅的衷心評論時，一股惡意襲來，仿佛千軍萬馬般的席捲了國王被期待擁有的睿智和虛心。毀了，這一擊，不僅打破了童話，甚至引發了殺機。觀眾們，你們看到了嗎？

「隨著自體崩潰（繼自我失敗和自我退行之後）的發生，患者的焦慮經歷遠比那些屬於普通生活的患者更爲強

烈。焦慮是如此強烈，以至於心智機能癱瘓了，並且在患者完全可以思考的程度上，他意識到自己是無助的，並感到自己處於可怕的危險中。佛洛伊德（Freud）有時將其稱為滅絕性焦慮，指的是原發性焦慮或創傷性焦慮。」（王盈彬譯）（註二）

二、觀眾人生

現在想看莎士比亞戲劇的人，到底可以有多少種可能的原因呢？或多或少的聽過了李爾王故事的情節了？帶著一些已知或聽聞了呢？一片空白的只是初次的接觸？純趣味或是要做學術研究？會希望看到的是甚麼內容呢？演員如何精彩的演出？也許也有想要來踢館的？又或是把看戲當成是一種籌碼般的，醉翁之意不在酒？也許，多數的觀眾顯少會認識台上演員的私人生活，反而是來看看，到底演的有多麼真，所謂慕名而來的現代人，而這些真實演出背後的當時故事，會與觀看者產生多大的現實感隔閡？

因為隔了一個舞台，因此有了可以思考想像的空間，看一次可以，看兩次也罷，進去坐著休息，只是聽聽聲音，或感受氣氛……等，都是些可能的觀劇位置。因為觀眾不是演

出者，就算是心有戚戚焉，總還是有一絲喘息與閉上眼睛的
機會。然而，面對的是精神病狀態的劇碼時，知道有個舞台
界線，有個現實界線，對觀眾而言，變成是重要緩衝的安全
距離，就如同限制分級對年齡限制的提醒，總是希望讓觀眾
們，看得下去、聽得進去、感覺得到位。這一樣是嵌入以安
全為前提的設計。

「李爾王（1605-1606）是英國文學史上，算是最早以精
神崩潰為設定的戲劇。」（王盈彬譯）^(註三)

「作戲空，看戲憨」，這意味著，即將演出的劇碼，李
爾王會進入一種崩潰發瘋的狀態，失去了對現實的判斷，或
可以比擬為在精神醫學中稱為「精神病狀態」，沉浸在妄想
幻想中，只為了挽救即將分崩離析的精神裝置，也為了避免
來自任何現實的追殺。這時的語言，已經不再是一種可以具
有思考意義的語言，更像是原始生物的怒吼或嘶喊，在語言
前期的一種情緒感知的釋放或本能。

「非常值得注意的是，大量無法控制或減輕的痛苦情
感……包括自我客體分化的重要心智功能失敗；對自我解體

的恐懼成爲首要問題；自體和客體表徵的模糊；自大而神奇的行爲取代了一切。自殺反映出深刻的自戀崩潰、現實感的喪失、自我支離破碎和自我失敗。」（王盈彬譯）（註二）

面對這樣的一齣戲，如果讓觀眾有個心理準備，是需要準備些甚麼，才能讓戲演得下去，有了旁白的聚焦，或許是一種可行的提示，避免入錯場，也可以有一個思考的軸向，如果願意的話，大家夠一致，夠有安全感，就可以更接近即將出場的「李爾王情結」。

三、旁白人生

「發瘋了，李爾王」
這是所有自戀受傷的主人翁，都必須經歷的轉捩點

「就團體動力而言，這幾乎不是一個問題：團隊可以在領導層的變化中生存下來；他們對領導者『角色』的興趣，不如將他們凝聚在一起的能力；他們可以出於多種原因終止團體活動。然而，悲劇通常以犧牲英雄爲特徵，以確保團體的延續，從而爲觀眾提供治療性的『宣洩』。」（王盈彬

譯）（註三）

　　李爾王是屬於悲劇，所以必須有英雄犧牲，而可以活化觀眾的情緒。誰是英雄，自戀受傷而覺醒的李爾王嗎？為了護主而被放逐的肯特爵士嗎？終究還是難過死神關的柯蒂麗雅嗎？又或者，那個自戀的部門被打破時，英雄成為自戀的必然表徵，為的是能夠光榮的退場。這是一種為了觀眾的選擇，還是在每個演員的心中，都有這種類似的選擇？

　　在那個曾經叱吒風雲，不可一世的國王面前，眾人都只能說出國王想聽的話，所謂阿諛奉承的話。在自戀面前，是一種錦上添花，只為了讓自戀的臉皮更加的豐厚，而同時讓裡層的殘酷與黑暗，被牢牢的鎖住，不要出來斷人手腳或挖人眼珠。然而王國分配後的實情，一一的戳破了自戀的泡泡，顯露出了在隱隱約約中不斷成型的刀劍，一刀刀的讓國王的自戀泡泡從豐腴變成了孱弱。此時的薄臉皮，更像是一張無法被端視的紙片，就怕硬生生地被看破。只能發瘋了來演戲，演出一場令人唏噓的悲劇，而此刻的李爾王，正沉浸在盛怒中的復仇，也是崩解中的慌亂。

　　有一種自戀是厚臉皮的自戀，等待著被加厚。

也意味著外在團體威脅的強大
如同李爾王的一百名侍衛所要抵抗的無形

「沾沾自喜的自戀是不會被輕易打擾的，它受到偏執的保護，這種偏執需要控制，任何能反映其局限性或激起自我批評的一切，都會被驅逐。……理智需要一面有批判力的鏡子，但在現實容忍度較低的地方，最好將鏡子著色或變得逗趣。」（王盈彬譯）^{（註四）}

有一種自戀是薄臉皮的自戀，謹防著被看透
也許也意味著需要外在團體的同盟
作戲般的審判
彷彿一場歃血為盟的融合再現

雖然是兩種不一樣的表現型自戀，但是都暗示著一種脆弱性或原始性。而這裡面有沒有存在一種量的概念在裡面？也就是說，在不同脆弱量的狀態下，自戀的組成可以或必須進行轉換？

「弄臣必須仔細衡量他可能對國王施加的現實程度的

劑量，以使他擺脫自欺欺人的狀態，以覺知到自己行為的頑
固性。他的主要工具是提供國王的知識：機智、時機和多樣
性，這是使弄臣能夠繼續對現實進行詮釋和對抗的基本手
段。」（王盈彬譯）^{（註四）}

　　「愛恨糾葛」和「生死交關」的另一個版本。如果在李
爾王的國度中，大家必須用愛恨的語言來求得生死的允諾，
看劇的眼光就會相反過來了。大女兒和二女兒如果是因為怕
了死，所以才向父王進貢了滿嘴的愛意；那三女兒究竟是因
為受到父王愛戴而不怕死的說出了心裡話，卻惱怒了父王，
不識時務的把父女之情搬上檯面展現，因此引來大姊二姊的
忌妒之意，那也就不奇怪父王和三女兒被歸類在同一邊，而
引發仇恨的戰爭驅逐。家庭私情和國家治理，第一時間躍上
了檯面，又是另外一個極度複雜的議題了。也許這時弄臣的
旁白會是：「柯蒂麗雅，有些話在家裡說就好了。」

　　坐在王座上的國王自戀，和家庭生活的父親自戀，該如
何平衡呢？也許幽默是一解，只是當狗仔隊出動後，所有的
故事都有了不同的生命。

　　自戀，一直是精神分析很重要的關鍵字，迄今已經衍生
出許多解讀的方式，在這裡所採取的觀點，是企圖要融合古

典精神分析中的情慾與破壞。

　　「在精神分析文獻中，自戀被應用在許多的層面：一種性的變態；一種發展階段；一種性慾或其客體的類型；一種客體選擇的類型或模式；一種與環境有關的模式、態度、自尊和人格類型，可能相對正常、神經質性、精神病性或邊緣性……在當前的文獻中，該術語主要用於自尊（self-esteem）的架構下。例如，克恩伯格（Kernberg，1967）指出，自戀型患者的特徵是『與他人互動時自我參照的程度不尋常；非常需要別人的愛戴和欽佩，並且在與一種本身極度膨脹的概念之間，存在明顯異常的矛盾；以及對他人貢獻的異常需求』（第655頁）。這類患者的特徵在於：根據其精神病理學的嚴重程度，而有不同程度的理所當然、無所不知和無所不能的重視和幻想，以及對自體或理想化客體的完美程度。伴隨的情感，從被支持的膨脹自尊的興高采烈，到自尊心受到傷害時的失望、沮喪或嚴重的憤怒（稱為自戀狂），都有所不同……正常自戀與病理自戀是有區別的（Kernberg，1975）。前者立基於自體（self）的結構完整性，自體和客體恆定性的獲得，性驅力和攻擊驅力衍生物之間的平衡，自體和超我結構之間的和諧，衝動的自我同步表達的能力，接受

的能力，由外在客體來的滿足，以及身體健康的一種狀態。病理性自戀涉及防禦性的自體膨脹，同時缺乏自體概念的整合和攻擊性地堅決的自體表徵的解離。正常的自戀會導致持續的、切實的自我尊重以及成熟的抱負和理想。它伴隨著深化的客體關係的能力。相反的，病態的自戀伴隨著對自我的過時要求，對他人稱讚的過分依賴，以及較差或惡化的客體關係。它表現出一種理所當然的感覺，對自我完美的殘酷追求，以及對他人關心、同理和愛的能力受損。」（王盈彬譯）（註五）

　　當把李爾王聚焦到自戀的軸向時，我們準備細緻地看到「自戀」本身的演化，在不同角色所演出的自戀，都有其版本的脈絡，就如同以上所定義的各種自戀。而連結到精神分析的國度中時，總是也提供了一些對話的材料，彼此呼應的如同理論家和實踐家的交錯演繹。

四、可以思考的有多少：李爾王情結

　　詮釋的遠近與深淺
　　不得不的冒犯

「當將精神分析理論應用於反應性暴力案件時，就會出現一種獨特的模式（Cartwright,2002; Menninger,2007; Shukla,2014）。一個促發的事件發生，這事件是指當個體經歷自戀受傷時，對於某些心理上脆弱的個體而言，這會觸發強烈、無法節制的情感狀態，這些狀態會由屈辱、羞恥和憤怒為主導。當成熟的心理防衛機制無法消除承受不起的情感時，會覆沒了個體的應付能力。個體退行到較不複雜的心理功能模式，從而導致了認知障礙（例如：知覺扭曲、妄想、解離、和思維混亂），和以投射和分裂為主的原始防衛。在這種退行的情況下，個體常常會受到外部來源的控制、迫害或攻擊，並試圖通過包括暴力在內的任何必要手段來保護自己。從犯行者的角度來看，暴力是防禦性的：他或她正絕望地拼命要逃避災難致命性的威脅。……在那一刻，由於分裂和投射，受害人不被視為有愛心的朋友、無辜的旁觀者、或親愛的親戚，而是異常危險的威脅。暴力成為個體保護自己免受災難的唯一方法（Cartwright,2002）。」（王盈彬譯）
（註六）

李爾王情結（complex）：一種情結的存在，意味著環環相扣中，是無法逃避的命運，也明白的告訴觀眾，這裡

有一個歷史懸案，也是一個有爆炸力的炸彈，情結中的所有角色間，因爲有各種矛盾存在，一種「情」的糾葛纏繞，讓這個「結」動彈不得，這種「情」不是用「理」來說的，而是用「生死」來感受的。

當自戀處在很強烈的自我完美驅使的極端時，可以說出口的話，是稱讚的話，就像叱吒風雲的李爾王，準備把江山分給擁戴他的女兒們，是聽不進去任何不肯定國王情感的話語的。而當自戀轉變爲是屬於破碎碎片的死亡關卡之極端時，那麼僅存的生命力，需要被溫柔的對待，儘管並非是溫柔的話語。身處在這兩種極端的個人或團體，張力中存在著隨時的崩解，安全成爲一個很重要的最後底線。要接近並拆開這一個不明邊界的炸彈，很確定的是需要一個安全的設置，然後同時有一種安全感的運作，才能萬一在兩敗俱傷之時，留下一處活命的重整之處。詮釋之處，既是冒犯之處，也是撤退之所。

「當個體開始感到不知所措時，透過從感到威脅的事物中，在情感面和／或身體面撤回，來尋求安全和救濟（Cartwright, 2002; Steiner, 2006）。但是，當壓力源位於內部時，撤回會是個問題：要撤去哪兒呢？由於自戀性受傷的個

體無法擺脫自己無法忍受的特質和傾向，於是導致了解離、分裂和投射（Cartwright, 2002; Menninger, 2007）。」（王盈彬譯）^{（註六）}

　　詮釋看似只是一段話語，其實包涵了詮釋的情境（演出的舞台）、詮釋的態度（演員的心態）、詮釋的語言（演員的技術）。而對於處在自戀狀態下的個體而言，這些都可能會是地雷的引爆點，因為所要面對的是層層糾葛中的脆弱部位，一個安全地帶鮮少的國度。

　　「Bushman and Thomaes（2011）證明，當一個人自大的自體形象受到挑戰時，他或她感到羞恥並變得有攻擊性。Lee（2014）和Kernis（2005）發現，自尊膨脹和不穩定的人，容易對接收到的威脅或挑釁做出攻擊。Stucke and Sporer（2002）發現，自戀程度升高是自戀受傷後憤怒和攻擊的重要預測因子。他們的結果還表明，攻擊總是被引導為大家都相信的原因，也是自戀受傷所造成。」（王盈彬譯）^{（註六）}

　　在詮釋的動作發生時，面對著對自戀的國王的冒犯，想像會發生的爆炸威力，詮釋的情境、態度、和語言，以及前

後所起始和善後的種種元素，都必須加入這場戰局，形成可能治癒的「好」團體。

「更具體地講，李爾可能可以被視為正是那些團體動力的原始記錄，而這種團體動力只有在第二次世界大戰中才受到比昂和福克斯等人的持續關注。如文所示，該劇的核心動作涉及李爾（Lear）放棄集團領導，以及倖存的『好』集團企圖抵制捍衛被徹底瓦解，並『治癒』失落的團體領導人。」（王盈彬譯）^{（註三）}

第二幕第四場^{（註一）}

葛勞斯特城堡前

高納麗：悉聽尊便，老人家。

李爾：請求妳，女兒，不要讓我發狂。我不會麻煩妳，孩子，再見了。……痛改前非不如趁早，閒時亦可慢慢檢討。我會耐性，我可以住在瑞根家，我跟我那一百名武士。

瑞根：那可不行。我還沒輪到，也沒準備妥當。……

李爾：這話當眞？

瑞根：當然是眞話，老太爺。怎麼？五十個隨從，這還不好？您何必需要這麼多？……

高納麗：爲什麼不可以用她的佣人，或我的手下來伺候你老人家？

瑞根：……只能帶上二十五名侍衛，再多了，我可不願收容管理。……

高納麗：聽我說，老人家；你何必需要二十五名、十名或五名？家中其實還有兩倍的手下，可以伺候您？

瑞根：何必還需要一名？

李爾：啊，不要跟我辯論需要！最窮的乞丐，也有一些他並不需要的東西。若不允許在最低需求之外再多一些，人的生活與野獸也差不多了。你是位貴婦；假如保暖就是穿著體面的唯一目的，那你也不必穿上那些美麗的衣裳，而那些衣裳卻並不保暖。眞正的需求……使得整個世界都……我一定會報復……雖然我有足夠理由痛哭一場；可是這顆心，在我痛哭之前將會爆裂成十萬個碎片。啊，傻瓜，我要發瘋啦！

這個一百名的侍衛，遞減的同時，正也象徵著李爾王的

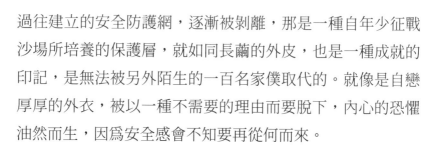

過往建立的安全防護網，逐漸被剝離，那是一種自年少征戰沙場所培養的保護層，就如同長繭的外皮，也是一種成就的印記，是無法被另外陌生的一百名家僕取代的。就像是自戀厚厚的外衣，被以一種不需要的理由而要脫下，內心的恐懼油然而生，因爲安全感會不知要再從何而來。

　　如果台下觀衆的年紀都是未成年，如此慘烈、殘酷、考驗人性的劇作，適合觀賞嗎？小孩看了超齡的劇作，常常半夜就是以做惡夢來呈現，而無法在白天用語言精確地描述，父母親只能透過親身陪伴和安慰，安頓受驚嚇的心靈。那種無法消化的元素，流竄在意識及潛意識中，等待著適當的時機、適合的環境，再次重生；又或者，再找個更隱密的地方藏起來，眼不見爲淨。然後我們把這裡說的年紀，轉換爲一種心智年齡，那意味著就算看戲演戲的是成人，在每個人心中的年齡，將會深刻影響著所要看到的意義和感受。

　　當逐漸沒能力思考時，有一群人來協助便成了理所當然，也刻不容緩，這是在「救」命，不是在「玩」命，衆多參謀的實際參與成爲一種安全的必要，可以經過不斷互動進行安全感的凝聚，重新找回思考的沃土。這裡所要鋪陳的，會牽涉到治療室中所要進行的詮釋工作的基本背景，也就如同舞台般的設置一樣。「安全」，戲才能演得夠深夠久。

五、安全這件事：safety principle

在安全以前，有一種野蠻和殘酷的歷程必須要進行，那是爭生死爭地盤的事，一切的存在如同精神分析師克萊恩（Klein）描述的「PS position」，所有的用力是在生存的臨界點中運作，草木皆兵是必然的，此時，治療師說的話語，就算是如何的溫柔和善意，都得經過「去惡意化」的過程，或者也屬於「象徵化」的路程。

在安全當下，仍然必須不斷的警戒，隨時的一個閃失，可能就會把好不容易收復的江山和兵馬，再次推入想像敵方的陣營。需要一段滿長而足夠的時間，也需要一段滿遠而足夠的距離，讓戰火煙硝慢慢的消失在眼前、然後消失在腦海裡、然後消失在感覺裡，直到安全的訊號再度亮起。

在安全之後，所有的直接威脅已經不斷被包裝消化，「象徵」已經可以成形，以象徵所進行的演化，就可以不斷的擴展，也就可以把最初的安全，不斷再加上裝飾美化，安全變得更爲安全，甚至是被美麗所掩蓋而變得容易接近，於是距離慢慢拉近，時間慢慢縮短。治療師的話語，就算帶有一些嚴厲或批判，也變成一種激勵和思考的刺激。

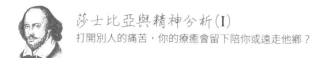

「但是，為了忠實於文本的明顯結構（並強調其對認識群體動力的重要貢獻），要強調的一點是，隨著李爾的命運日益惡化，『瘋狂』站穩了腳步，『善良』的力量（合夥、營養、治療），被作為殘餘的『小團體』上演，他們按照可識別的團體策略進行活動。」（王盈彬譯）^(註三)

這種由團體所引領的安全感，對於崩解中的心智裝置而言，極端的重要，這已經不是存在於話語層次的安全需求，而是需要許多非語言的態度、情感、肢體動作、外在結構……才能支撐起的安全網，甚至就像母體內血流供應豐富的子宮，帶來各種的好營養，也需要堅固有韌性的子宮體，加上健康的母體，才有辦法讓胚胎成長。

「在這一點上，我想簡單地總結一下我的論點：知覺行為是一種非常積極的行為，而不是像在自我（ego）中，是由感覺器官來產生刺激，然後自我才被動的反應；知覺行為是一種自我（ego）主控行為，自我透過這種行為來應付激發，也就是處理了未組織的感官數據，因此可以受到保護，不會受到創傷性地覆沒；成功的知覺行為是一種整合行為，伴隨著一種確定的安全感——這種感覺正是被我們理所

當然地認為，是日常經驗的背景的一部分；這種安全感不僅僅是簡單的不會感到不適或焦慮，更是在自我（ego）中具有非常明確的感覺質地；我們可以進一步將許多的日常行為，視為維持最低水平的安全感的一種手段；透過自我的嘗試來維持這種安全水平，可以更充分地來理解，許多正常行為以及許多臨床現象（例如某些類型的精神病行為和成癮行為）。」（王盈彬譯）^{（註七）}

這裡所提到，透過對感知的修改與控制，是最直接經濟用來增加安全感的方式，當然，很明顯地至少有兩條路走：一種是成熟的方向，不斷的消化現實的刺激，來增加對現實的接受；另一種是退行的方向，不斷的否認現實的刺激，來遠離現實的威脅。都是在避免死亡，一種是有創造力的生，一種是已經死亡的假生。但是都是建構在安全感的基礎上，而進一步發展。

「現在，任何來源的創傷、危險和焦慮都會降低安全等級。似乎採取適當的行動減少了焦慮，自我也會提高了安全感水平。這引導我們邁出了一個重要的理論步驟，我相信，這是經驗所證實的。除了旨在減少焦慮的直接地防衛活動

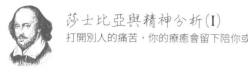
外，自我還將嘗試透過其掌握的任何技術來提高安全水平，以抵消焦慮。增強安全感的最便捷方法可能是通過對感知的修改和控制，我想描述一些可以實現這種感覺的方式。」（王盈彬譯）（註七）

有一種自戀是很脆弱的存在，或者就像是初級自戀，是自我成型的源頭與開始，或是退行成爲碎片後的一種生存狀態。避免崩解或準備成形，是安全感存在的一種原始動力。

「我現在想簡要且暫時地建議，我們可以從所有這一切中看到所謂的安全原則（safety-principle）的運作方式。這將簡單地反映出一個事實，即自我透過開發和控制自我內部的整合過程，盡一切努力來保持最低水平的安全感，即所謂的自我控制（ego-tone），其中最重要的是感知。從這個意義上說，感知可以說是被安全原則服務的。因此，在孩子的環境中熟悉並持續不斷的事物，可能會對孩子產生特殊的情感價值，因為它們更容易被感知——通俗化說，這些事物對孩子來說是已知的、可識別的或熟悉的。熟悉事物的不斷出現，使孩子更容易保持其最低的安全感。」（王盈彬譯）（註七）

六、詮釋的情境：要安全

　　精神分析透過詮釋的運作，來修通內在的衝突，並協助整合。詮釋的情境和詮釋的態度，牽涉到團體運作的方式，有別於詮釋的語言，是一種在更原始狀態下的必需架構。

　　「第三幕，場景四和六構成了戲劇的樞紐，以及世界文學中兩個最具有心理影響力的段落。由於它們的深刻洞識，和每個段落通過的速度，沒有任何思想的產物，無論多麼出色的關鍵角色，也無法表現，於是可以真正地伸張正義。他們的場景主要是『閱讀現場』」（這是所有現代作品的起點），它有效地開始了一系列令人恐怖的場面，無論是主要動作還是子情節，『好』團隊在這裡慢慢鞏固，逃跑，以保護和醫治失去的領袖，企圖廢除他最初的輕率所造成的後果。」（王盈彬譯）[註三]

第三幕第四場[註一]

荒野，茅屋前
李爾、改扮的肯特、弄臣上場

127

肯特：就在這裡，皇上，請進去吧。這夜色下的荒野是如此狂暴，不是血肉之軀可以禁受。風暴仍在進行。

李爾：不必管我。

肯特：我的好皇上，進去吧。

李爾：你會令我傷心嗎？

肯特：我情願傷自己的心。好皇上，進去吧。

李爾：……纔會感到身體的脆弱。我內心的大風大浪，早把我所有的感覺完全淹沒，只剩心房的跳動：提醒女兒的不孝與忤逆。豈不很像這張嘴要痛咬這隻手，由於它把食物送到嘴邊？但我仍舊要痛加懲處。……在這樣的夜晚哪！啊，高納麗與瑞根，你們心慈的老父一片至誠、全部給了你們……啊，這樣的念頭令人發瘋，讓我丟掉它；不要再想這些。……

弄臣：不要進去，老伯伯；裡面有鬼！幫我，快幫我！

肯特：讓我來幫你。誰在裡面？

弄臣：一個鬼，一個鬼！他說他的名字是可憐的湯姆。……

李爾：你是不是也把一切都給了女兒，才落得這般光景？……

李爾：甚麼？是他的女兒害得他這麼慘？你難道一點都沒有留下？全都給她們了？

弄臣：不，他還留著一條毯子，不然我們都會感到不好意
　　　思。

李爾：但願那瀰漫天際中懲罰惡人的瘟疫，一起降臨你女兒
　　　身上！

　　這是一個舞台的用意，讓演員們賣力的演出，演出時代
的悲劇，演出李爾王當年的自戀與衰敗，也要把原本可以殺
人的超大自戀，變成破碎不堪僅存的很小的自戀泡泡，用詮
釋的方式，撫捧起來。舞台的安全在於它是一齣戲演出的地
方，安全舞台裡的安全感是需要另外的營造，來自於參與演
出的人，和觀賞演出的人，一起打造一個可以暫時脫離現實
原則的態度，於是語言的穿梭才得以成爲關注的焦點。

　　安全的工作團體可以爲了詮釋的語言而做準備，詮釋
是佛洛伊德學說和技術的核心。詮釋的企圖之一，是要協助
個案把嘴邊的話講出來，然後讓潛意識的元素可以呈現在意
識中，進行彼此認識的過程，所以詮釋扮演著一個橋樑的工
作，既然要銜接，專業上叫做修通，就必須有個兩方兼顧的
完美架構，於是該做甚麼詮釋，有一個考量是詮釋後，是要
強化交流，把想像和現實接軌起來，而非製造更深的分裂。

　　面對精神病狀態的李爾王，是一個自體很脆弱的狀態，

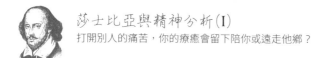

用外科手術來比喻，想要救命的任何動作，都可能會變成致命的一刀。為了讓這一刀或這一個詮釋可以有正面救命的效果，先前準備的工作就變得額外重要，就像要幫心臟動手術，就可能需要動用要到另一套人工心臟，而不是只是麻醉了不痛了就好了，然後各種人員和硬體設備和後續照護，都會是重要的各種關鍵。

「任何準確的詮釋都會導致嬰兒客體的丟失，並導致輕度憂鬱。對於具有脆弱的自我界限和潛在的精神病核心的患者，詮釋的危險是眾所周知的。即使是外部環境與潛意識的幻想相符的機會，也可能消除長長的重複迴路，並導致精神病發作，正如當聲波與晶體共振時，導致晶體破裂。對於自戀認同障礙和異常彈性的自我界限的患者，每種準確的詮釋都可能太容易被吐出來；或者詮釋可能會被整個吞噬，經歷如同自我邊界的入侵，並引起對自體喪失的深切憂慮。每種準確的詮釋都會導致對自體的看法發生變化，並給嬰兒自戀帶來痛苦。如果它使自大的幻想變得更加被潛抑，那麼無論該詮釋多麼準確，在治療上都可能是錯誤的。幽默可能會使用於此類患者，以幫助為自我界限和自尊心貧困的個案，提供所需的保護。它不應被用來躲避一種詮釋或現實，反而應

用來緩和洞察力對嬰兒自戀的破壞性影響。它可以在情感環境中提供有益的視角，使嬰兒自戀更加容易獲得，並促進其向更高發展水平的轉化。」（王盈彬譯）^{（註四）}

　　在有了安全的環境、安全感的態度後，詮釋的話語可以進行創造力的加持，讓演化和修通可以在安全的模組中進行。

　　「詮釋是分析師的口語傳達出對患者的潛意識心智生活的理解，這些潛意識心智生活是由患者的言語、思想、情感、幻想和行為中被表達出來。一個詮釋，是將患者有意識體驗的各個方面與他主動迴避覺察的精神體驗聯繫起來，從而使潛意識的精神生活能夠被有意識地理解觸及。詮釋可以引領出洞察力。雖然詮釋有一個明確的信息成分，但有效的詮釋通常不僅僅包括智力上的理解，而且會與患者情感體驗的某些面向產生共鳴……分析師的詮釋是在移情／反移情關係的背景下提供的，因此對病患而言，是意識和潛意識的攜帶了滿載移情的意義……詮釋的功能與心智的觀點相關聯，該觀點突出介紹了一種動態的潛意識，這之前是透過防衛程序主動從意識中排除。然而，詮釋的角色是核心精神分析爭

議的中心：詮釋是有關於那些可以在一位患者的心智生活中被發現的真實事物，還是為患者提供了關於他們自己的一種貌似合理且連貫的敘述（解釋學的觀點）？……然而，無論他們的理論取向如何，大多數分析師都同意，制定和做出詮釋的過程，在很大程度上是一個前意識過程。一些分析師主要強調同理心在詮釋過程中的作用，但所有分析師在製定詮釋和評估患者在治療中的任何特定時刻整合信息的能力時，都力求達到某種程度的同理性的對頻。」（王盈彬譯）^{（註八）}

七、象徵化的任務

把破碎的裂片重新黏合，或是讓原本就趨向於結合的力比多可以發揮本能，這是成長所必需的經過，安全的目的，是為了保護最低限度的能力，讓結合的過程可以進行。在自戀和幽默之間有個安全原則可以相接。李爾王被趕走，但是有小團體要拱他出來反撲，如何有促進的環境可以讓幽默可以形成？戲要演得很痛，如何被安全的演出？

「一條發展的軸線，是將魔鬼和傻瓜聯繫起來。根據

Tarachow 的說法，到十世紀，惡魔開始從一個可怕而殘酷的人物，慢慢變成小丑的喜劇人物。起初，他戴著魔鬼的面具，在中世紀的劇院裡，他經常被描繪為不相信猶太人的形象。魔鬼也演變成傻瓜，朝廷上的傻瓜通常是一個機智而又聰明的人，此人成就了名氣和權力，是他的智慧和勇氣的報酬。一些朝廷中的弄臣，為敢於向主人說出不愉快的事實而付出了生命。在這方面，他們就像薩滿巫師一樣，運作著如同宗族的安全閥的作用，但是如果他們失去了對精神靈性的控制，就不得不犧牲自己，就像在神話中那樣，那些可以開啟別人的眼睛的人，自己也可能被弄瞎雙眼。沾沾自喜的自戀是不會被輕易打擾的，它受到偏執的保護，這種偏執需要控制，任何能反映其局限性或激起自我批評的一切，都會被驅逐……像一些愛一樣，輕輕地觸摸真相來避免瘋狂。」（王盈彬譯）^{（註四）}

象徵化的程序，讓潛意識的元素，用一種相關卻不相同的方式再現。如同語言文字的功能一般，讓事情可以比較溫柔的呈現。

八、詮釋可以以幽默的形式來減緩攻擊的力道，創造力的展現

創造力，是存在過渡空間的一種功能，如同溫尼考特描述的文化創意之所在，友善而體貼的現實，讓潛意識的幻想，從容的進到過渡空間，等待著與現實的接軌，共享現實的開始。幽默或者可以屬於一種創造力的展現。

「我認為，幽默可能在建立和維持患者與分析師之間這種更自由的互動中發揮作用。它可能可以被用來培養一種溫和而批判的情感氛圍，然後被內化為一種精神內部交流的工具，以維持情緒穩定和自我界線的最佳可塑性。分析師相對不受自戀的超敏性的束縛，他樹立了一個敢於暫停常識，並允許暫時性荒謬行為的存在，以鼓勵透過幽默，來自由發揮想像力。」（王盈彬譯）[註四]

回到文章的開始，李爾王的時代，想像中充滿了殘酷的本能衝動，要把當年的現場，變成口述歷史，再變成一則傳說，再變成一則神話。其中要被消除或是否認的，包含了自戀的殘酷和自戀的受傷所引爆的恐怖，讓這樣的故事可以傳

五、詮釋都有著冒犯自戀國王的高風險：會有個「李爾王情結」之類的嗎？

承下來。

　　「根據Kohut的觀點，最深層的幽默形式可能表徵了自戀的有益轉型，這使我們能夠面對死亡，而無需訴諸於對客體的否認或狂熱的過度灌注。這樣的幽默表徵了一種自體真正的去灌注，並且代表了一種從珍愛的自體到超個人理想化以及人們所認同的世界的轉移。因此，這種幽默『並沒有表現出雄壯和興高采烈的景象，而是安靜的內在勝利與不容置疑的憂鬱情緒的融合。』」（王盈彬譯）^{（註四）}

「凳子的審判」一場^{（註一）}

（《李爾王》三幕六場）

李爾：我要先看看這場審判。把證人傳進來。（向艾德格）這位穿長袍的法官，請入座。（向弄臣）你，他那執法的同僚，坐在他的身旁。（向肯特）你受命審理這件案子，也給我坐下……

李爾：先審她，她是高納麗！我願在這個莊嚴的法庭上起誓，她的確用腳踢她的父親——那位可憐的國王。

弄臣：上前來，婆娘。你的名字是不是高納麗？

李爾：她無法否認。

弄臣：很抱歉，沒看清楚，我還以為妳是張凳子呢。

李爾：這兒又有一個，她猙獰的相貌正好證明她的心肝是用
　　　甚麼做的。別讓她逃掉！武器，武器，寶劍，火把！
　　　這個法庭不公正！妳這個贓官，為甚麼讓他逃走？

　　「我們可以說，一種成功的感覺整合行動，就是在這種
行動中，自我（ego）可以平穩且有效地應對激發（我現在
說的是來自任何來源，來自本我或外界的刺激）。我想建議
的是，這種成功的感覺整合不僅可以減輕焦慮，而且還有助
於在自我中的背景感覺，這種感覺可以被稱為安全感或保衛
感之一。」（王盈彬譯）^{（註七）}

參考文獻

註一：李爾王，新莎士比亞系列，作者威廉‧莎士比亞，譯著者
楊世彭，木馬文化事業有限公司，p57-59，2002.11。

註二：Maltsberger, J.T. (2004). The descent into suicide. Int. J.
Psycho-Anal., 85(3):653-667.

註三：Brown, D. (2003). King Lear: The Lost Leader; Group
Disintegration, Transformation and Suspended Reconsolidation.

Organ. Soc. Dyn., 3(1):134-152.

註四：Rose, G.J. (1969). King Lear and the Use of Humor in Treatment. J. Amer. Psychoanal. Assn., 17:927-940.

註五：Moore, B. and Fine, B. (1990). Psychoanalytic Terms and Concepts.

註六：Merced, M. (2017). How Narcissistic Injury May Contribute to Reactive Violence: A Case Example Using Stanley Kubrick's The Shining. Int. J. Appl. Psychoanal. Studies, 14(1):81-96.

註七：Sandler, J. (1960). The Background of Safety. Int. J. Psycho-Anal., 41: 352-356.

註八：Auchincloss, E. L. and Samberg, E. (2012). Psychoanalytic Terms and Concepts.

【講員介紹】
王盈彬
精神科專科醫師
精神分析取向心理治療師
臺灣精神醫學會會員
臺灣精神分析學會會員
臺灣精神分析學會《台南》心理治療入門課程召集人
英國倫敦大學學院理論精神分析碩士
王盈彬精神科診所暨精神分析工作室主持人
聯絡方式：https://www.drwang.com.tw/

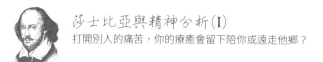

六、
《威尼斯商人》：三個匣子和一磅肉

邱錦榮

　　莎士比亞的戲劇《威尼斯商人》（*The Merchant of Venice*）寫作時間介於1596-99，是一齣成功的舞台劇，在莎劇中搬演的頻率名列前茅。歷經四個多世紀，它對觀眾持續的吸引力歸功於：通俗的主題（愛情、金錢、賭局、種族歧視），故事情節的緊湊跌宕，人物之間的利害衝突。晚近更因其中的族裔衝突以及隱晦的男性同志情誼引起學者的關注，舞台演出的詮釋也屢有新貌，非常吸睛。

劇本簡介

劇中主要人物

安東尼Antonio	威尼斯中年富商，爲好友巴薩紐簽下人肉契約
巴薩紐Bassanio	威尼斯的俊男，小鮮肉
波點Portia	貝兒芒的美女，繼承父親龐大遺產

夏洛Shylock 　　　威尼斯的猶太富翁，放高利貸

故事場景Venice vs. Belmont

　　劇情在威尼斯與貝兒芒兩地切換進展，兩個世界和兩套價值的對照（金錢vs.愛情）帶給觀眾雙重的觀視角度，同情／同理心不斷的挪移。閱讀或看戲的經驗本身也是挑戰，這是一場有趣的社會化過程，學習對事對人都不能驟下定論。威尼斯在十六世紀莎士比亞時代是歐洲的國際貿易中心，多金的藝術之邦，以政治穩定，執法嚴謹，寬容外籍人士著名。當時的大都會面貌已不可得，但是我們或能從複刻板的威尼斯稍微領略她的風情：美國賭城拉斯維加斯的「威尼斯人度假酒店」（The Venetian® Resort Las Vegas），即以十六世紀文藝復興時期的威尼斯城為藍本打造；紙醉金迷、豪賭成癮、夢幻虛境的方方面面，無論出現在拉斯維加斯，澳門的迷你複刻版或是好萊塢的電影賭城場景，都能提供我們想像本劇氛圍的滋養。

　　故事場景切換到女主角波點（Portia）的所在地貝兒芒，佳人的美貌與財富吸引來自各方的競逐者。她才貌雙全，她所在之處就是浪漫愛情的溫柔鄉，在這裡生命的品質提升，富裕近乎仙鄉。有批評家指出：「貝兒芒是威尼

斯好的那一半；井然有序的國度，物質主義的美化轉型」
（"Belmont is really the better self of Venice; a world
of clarity, order, and materialism transfigured."）。
其中耐人尋味的是：愛情遇上豪賭（Love meets
gambling），在兩個迥然不同的國度弔詭地貫穿全局，表
面上截然不同，本質上威尼斯與貝兒芒僅僅是表／裡的差
別，互爲鏡像。

三條情節主線

1.巴薩紐向波點求親的過程

奶油小生巴薩紐金玉其外，實際上口袋空空。聽說貝兒
芒的少女波點繼承父親遺產，正在招親，於是求助好友安東
尼，希望借貸三千金幣，打點門面。安東尼素來對巴薩紐特
別友好，但此刻多數家產都投擲於海外貿易，無法籌出大筆
現金，兩人商計後，轉而求貸於猶太富翁夏洛。

後續的求親過程引出如何選擇金、銀、鉛三個匣子的試
煉（casket test），這是莎士比亞慣用的主題：表象與實際
的差距。

2.夏洛和安東尼之間的一磅肉契約

夏洛是猶太人，以放高利貸致富，而威尼斯人絕大多數都是基督徒，基、猶之間的宗教信仰矛盾根深蒂固，安東尼素來鄙視夏洛，為了好友不得以求助於憎恨的猶太人。夏洛爽利答應借貸，而且不收分文利息，但提出一項奇特的條件：借貸契約上載明如果三個月無法還款，不求銀錢，但要求割取安東尼身上的一磅肉作為賠償。不料之後消息傳來，安東尼的商船在海上出了狀況，財貨兩空，必須走上法庭，任憑夏洛宰割。

3.定情戒指風波

波點贈與巴薩紐一枚定情戒指，而巴薩紐在法庭上不識妻子喬裝改扮的法律博士，波點向他索取戒指作為謝禮，回家後又指責丈夫丟失戒指，佯裝嗔怒。

三個匣子——佛洛伊德看見什麼？

佛洛伊德在一篇短文〈三個匣子的主題〉同時討論《威尼斯商人》和《李爾王》兩齣劇本。他聚焦於「三」這個數目，連結三個匣子選擇夫婿與李爾王在三個女兒中間選出最孝順的。佛洛伊德分析：女性（波點）必須在三個求親

者之間作出選擇，其實（如夢的邏輯一樣）被翻轉爲一個男
性要在三個匣子中選擇，亦卽在三個女性中選擇。他運用夢
的解析策略，檢視巴薩紐挑選匣子的情景，認爲匣子象徵
「女性最重要的質素，抑或女性本人」（292）。他指出選
匣場景主要凸顯的是選擇者（the chooser）的性格，而不
是被選擇的客體（the chosen object）。他企圖把注意力
導向選擇者本身，也就是一個男性需要在三個女性中擇一。
他引用巴薩紐選匣時的自言自語：

> 你的黯淡感動了我
>
> Thy paleness moves me more than eloquence.

佛洛伊德說明：「金與銀喧嘩，銅緘默——正如柯蒂麗
雅默默地愛而靜默」（295）。這篇短文把銅的匣子與李爾
小女兒合併討論，兩者的共通點是黯淡、緘默。這安靜的瘖
啞是女性重要的質素或感動人之處嗎？令人困惑的是，佛洛
伊德在文章中途好像遺忘了《威尼斯商人》，轉而討論李爾
王對三個女兒的「愛的試驗」（love test）；三個匣子的分
析戛然而止，並未深度挖掘。關於「三」這個數目的論述，
研究神話、象徵主義的學者已經多所著墨，佛氏的這篇短文
沒有超越前人的特殊貢獻。我感到興趣的反倒是：這個劇

本起初為何會吸引佛洛伊德呢？我們或能想像佛洛伊德可能投射自我到本劇的猶太人夏洛。佛洛伊德在早期的一篇自述中，曾經描述：

> 1873年我初入大學，經歷了相當的失望，尤其當我發覺自己被期待應該自慚形穢，應該自覺是外來者，正因為我是猶太人。我拒絕這些標籤，因為我從未覺得需要以自己的血緣或……種族為恥。我忍受……不被社群接納……在很小的年紀我已經習慣於身為敵對者的宿命（4）。

主題分析

上述的劇情概要包含兩個民俗故事。一、兇殘債主索取人肉賠償；源自於東方，中世紀在歐洲廣為流傳。二、愛的試煉：選擇正確的匣子而贏得佳人的猜謎競技，十四世紀前歐洲已有傳統。莎翁絕大部分的劇作不是原創，而是資源回收，他巧妙地運用流傳已廣的素材，重新打造別具趣味的故事。這些似曾相識的劇情被賦予多重意義，纏結相繞，在不同層次展現流動的詮釋。

契約、風險、愛情

契約及風險兩個觀念貫穿全劇，兩者都是商業投資的必然條件和後果；然而愛情何嘗不是盟約與冒險投資？戲名為「威尼斯商人」，提供「在商言商」這種理解的脈絡；愛的言說與承諾同樣承載履約或背信的風險。

1.一磅肉的契約

猶太人夏洛憑著借貸契約，在基督教國家的法庭上要求依約割下基督徒富商的一磅肉。執行的前一刻「法律博士」告知割肉不得流血，因為契約寫明是割肉，並未提到血。

2.波黑父親的遺囑

作為繼承人的女兒必須遵照父親遺囑擇偶，所有求親者必須在金、銀、鉛三個匣子做出選擇。

我既不能選擇我喜歡的，也不能拒絕我不喜歡的：活生生一個女孩兒的意志就這樣給死翹翹父親的遺囑抑制了。

I may neither choose who I would, nor refuse who I dislike; so is the will of a living daughter cur'd by the will of a dead father.

（1.2.22-24）

144

原文的will是雙關語，指說話者的心之所願（desire），也指涉遺囑（last will and testament），同一字帶出女兒家的心思與父親遺命的衝突。

3.定情戒指

法庭之上波點為夫君的摯友贏得訴訟，但回到貝兒芒的家中另有一場閨房官司進行。波點詰問巴薩紐何以丟失定情信物：

蒼天為證，我絕不會上您的床，除非我看到那戒指。

萬萬不可讓那博士靠近我家。
既然他拿了我喜愛的戒指，又是您發過誓要替我保存的，我就要變得跟您一樣大方：
凡我所有的，我都不會拒絕他，
對，包括我的身體，和我丈夫的床。（5.1）

4.契約即是賭局

設賭局的人和執行的人都冒著或輸或贏的得失風險。波點的父親預立遺囑，定下嚴苛的遊戲規則——求親者如果選

錯匣子，必須答應終身不娶；富商安東尼把多數家財一籃子
押在遠洋貿易，槓桿操作極大，險些人財兩亡；巴薩紐揮霍
無度，身無寸金，決定豪賭一場，借貸三千金幣到貝兒芒求
親。他以一套弓箭手以箭尋箭的邏輯比喻攜帶鉅款求親的投
資：

> 我在學生時代，要是射丟了一隻箭，
> 就再射一隻大小、重量、力道相同的，
> 到同樣位置，更仔細的觀察落點，
> 以尋找另外一隻；冒了兩次險之後
> 往往兩隻都找到。（1.1.）

至於三千金幣的契約與賭局，對三人皆是一場豪賭。安
東尼為了幫助巴薩紐，冒險和猶太人夏洛簽下人肉契約。如
果他能如期還債，夏洛則平白損失三千金幣。十六世紀義大
利的金幣（ducat）幣值大抵多少？為了把賭盤的概念具體
化，僅此提供不甚精確的換算。3000金幣約合27萬英鎊，約
當台幣一千一百六十八萬元。

公義vs.憐憫 Justice vs. Mercy

　　本劇在莎劇中被歸類爲「喜劇」，顯然是從威尼斯人（亦卽基督徒）的觀點來觀看。不過法庭一景（4.1）演示宗教信仰、族群衝突的嚴肅議題，展現多元辯證的角度，可謂全劇的重中之重。波點起初嘗試以基督教信仰的「行公義、好憐憫」說服夏洛放棄一磅肉的契約，而接受遲來的三千金幣的還款。但公堂之上夏洛堅持依約索肉。看似基督徒的一盤輸局卻被波點臨門一腳翻盤：

> 且慢，還有別的話要說。
> 這張契約卻沒有說給你一滴血。
> 白紙黑字明明寫的是「一磅肉」。
> 照契約來吧，你就拿走你那磅肉，
> 但是割肉的時候，如果你灑了
> 一滴基督徒的血，你的土地和家當
> 根據威尼斯的法律都要被沒收，
> 交給威尼斯充公。

　　波點堅持一滴基督徒的血也不能流（如果你灑了一滴基督徒的血　"If thou dost shed one drop of Christian blood…"），表面上是攻防的策略，但同時也揭露信仰與族群的衝突。莎劇中所謂的「基督徒」就是指一般人（Christian=human being）；換言之，猶太人甚至不能被視爲人看待，其中仇恨與隔閡之深，可見一斑。以下簡略條列猶太教與基督教的教義差異：

舊約Old Testament	新約New Testament
猶太教	基督教
以牙還牙，以眼還眼，血債血還	基督的寶血洗淨我們的罪，人應互相饒恕如同主免了我們的罪；耶穌在最後的聖餐說："This is my flesh; this is my blood."
公義	憐憫
猶太人相信摩西律法以及挽回祭（propitiation）、贖罪祭（sacrifice of atonement）等儀禮。	基督信仰強調律法背後的恩典（Christians believe in grace behind the Law.），不重視祭祀。

　　波點在法庭一再說服夏洛的辯護重點是「憐憫」在「公義」之上，亦卽是以基督的心爲心：

　　慈悲之心並非出於強迫。

　　它像柔和的雨自天而降，

落到下界，有雙重的福份：
既造福施者，也造福受者。
這在權勢之人最有效力。
它適合在位的君王，勝過冠冕。

The quality of mercy is not strained;
It droppeth as the gentle rain from heaven
Upon the place beneath. It is twice blest;
It blesseth him that gives and him that takes：
'T is mightiest in the mightiest; it becomes
The throned monarch better than his crown...

一味地追求公義，我們誰都不能
得到拯救。我們都祈求上天慈悲，
同一篇祈禱文也教我們為人處世
要悲天憫人。

That in the course of justice none of us
Should see salvation. We do pray for mercy,
And that same prayer doth teach us all to render

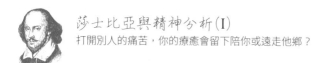

The deeds of mercy...

（4.1.199-202）

　　這篇「憐憫」的言說，振振有詞，弔詭的是言詞背後暴露說話者反猶的心結。莎士比亞並沒有一面倒，他呈現夏洛的咄咄逼人，也平衡演示波點的得理不饒人，緊咬割肉不得流血的論點。

　　法庭這個場景還留下一個有趣的問題：一磅肉割在哪裡？劇本並未明說，但文字空白的部分留下舞台演出的詮釋空間：飾演夏洛的演員可能持刀以手勢比畫欲割的部位，如果比畫胸膛，靠近心臟，那就意味要安東尼的命；也有可能比畫下體，這就帶出夏洛欲給安東尼行割禮的企圖，也就是令基督徒改宗成為猶太教徒。

反猶太／閃美情結 Anti- Semitism

　　近代的學者研究及舞台演出都相當凸顯本劇的反猶太／閃美情結，反猶的意識形態可分兩個層面：宗教的（religious）和種族的（ethnic, racial）；後者可以納粹仇視猶太族裔的基因為代表。猶太民族自古以來就是一個

奇異的族群，對民族文化、宗教和民族特性有強烈的意識感，即便經過兩千年之久的流亡離散，1948年以色列國建立。猶太人佔世界人口僅約0.3%，但財富佔比高達20%。如果以單一國家美國來看，人口與財富的比例懸殊更加醒目（0.25%；30%）。諾貝爾獎的猶太裔得主約占22%。更值得注意的是，莎翁在四個多世紀前即以猶太教徒與基督徒的仇恨爲命題，透過戲劇的手法展演猶太族裔命運的悲情。巴薩紐在法庭苦勸夏洛饒過安東尼一命，夏洛回答：

怎麼，你會讓蛇咬你兩次嗎？

What, wouldst thou have a serpent sting thee twice？

（4.1.69）

「蛇」的寓意是舊約〈創世紀〉（Genesis 3.1）的古蛇，引誘夏娃、亞當偷食禁果，延伸爲罪惡的化身。夏洛與安東尼之間的宿怨既是個人的，也是族群的。在第三幕第一景，夏洛以修詞性的設問（rhetorical questions）申訴自己所受的種族及宗教歧視：

我是個猶太人。猶太人就沒有眼睛嗎？猶太人就沒有雙手、沒有五臟、沒有身體、沒有感覺、沒有慾念、沒有情

感嗎？不是跟基督徒吃同樣的食物，被同樣的武器傷害，為同樣的病痛所苦，用同樣的方式治療，受同樣的冬夏寒熱嗎？……你們對不起我們，我們難道不會報復嗎？

I am a Jew. Hath not a Jew eyes? Hath not a Jew hands, organs, dimensions, senses, affections, passions; fed with the same food, hurt with the same weapons, subject to the same diseases, heal'd by the same means, warm'd and cool'd by the same winter and summer, as a Christian is? And if you wrong us, shall we not revenge?（3.1.58-67）

夏洛的這段話，讓我們聯想到稍前引述佛洛伊德回顧大學生活的那段自我揭露。這位舞台上塑造的永遠的猶太人（The eternal Jew），在威尼斯的上流階層投擲下巨大的背影。夏洛犀利而動人的辯駁，對應於佛洛伊德堅決不因猶太血統而降服的語調，我們或能推論這齣戲引起精神分析鼻祖共鳴的不在於三個匣子，而在於不肯折服的猶太人。

本劇在莎劇中雖被歸類為「喜劇」，顯然是威尼斯人／基督徒在法庭戰勝猶太人的喜劇，但當代觀眾可能有截然不同的同情觀點。二次世界大戰後西方世界因為對猶太大屠殺（holocaust）的歷史包袱，認為猶太人受的苦難已經夠多，對猶太人有深層的罪惡感。夏洛所說：「因為容忍

是我們族人的標記」"For suff'rance is the badge of all our tribe"（1.3.110）正是舊約聖經的縮影。舊約是猶太民族的歷史，此言一語道盡猶太族群離散的創傷，也讓我們看見莎翁寄予的同情目光。受苦是猶太民族標誌的這個觀點被後世學者、劇場人放大凸顯，並不令人意外。夏洛在劇中的台詞不多，但精準而動人，當代飾演此角的演員多屬重磅級的老演員，例如2004年電影版的艾爾‧帕契諾（Al Pacino）。

同志情誼、雙性戀

《威尼斯商人》劇本以富商安東尼的身分為劇名，雖然他在後續劇情發展上，相較於其他三個主要角色不特別引人注目。不過本劇以安東尼無名的憂鬱開場：

> 真不知道我為什麼這麼憂鬱。
> 攪得我疲憊，你們說，攪得你們也疲憊。
> 但這因何而起、而來、而得，
> 是什麼樣的材料，什麼樣的緣故，
> 我還得請教。

憂鬱害我變成大傻瓜
連我自己是誰都弄不清楚了。

In sooth, I know not why I am so sad.

It wearies me, you may say it wearies you;

But how I caught it, found it, or came by it,

What stuff 'tis made of, whereof it is born,

I am to learn;

And such a want-wit sadness makes of me

That I have much ado to know myself.　（1.1.1-7）

　　安東尼對憂鬱的描述與精神醫學的輕度憂鬱（mild depression）幾乎相符。這位富有的中年單身嗎？他甘願為年輕的男性友人兩肋插刀，至死不悔。在法庭上，他本以為生命不保，對巴薩紐說：

咱們握個手，巴薩紐，永別了！
別因我為您落的這個下場而難受。
在這件事上，命運的仁慈已經
超過往常。……

......

替我向您可敬的夫人致意。

告訴她安東尼喪命的過程。

說我多麼愛您，蓋棺論定替我美言；

故事說完之後請她來評斷

巴薩紐有沒有被人愛過。

Give me your hand, Bassanio, fare you well.

Grieve not that I am fall'n to this for you;

For therein Fortune shows herself more kind

Than is her custom…

......

Commend me to your honorable wife,

Tell her the process of Antonio's end.

Say how I lov'd you, speak me fair in death;

When the tale is told, bid her be judge

Whether Bassanio had not once a **love**.

（黑體為作者自加；4.1.265-77）

莎士比亞時代「愛」這個字，無論用於動詞或名詞，

都可以指涉男性之間的情誼，西方傳統定義為「男性社交情誼」（homo-social relationship 或 male bond），而不一定是同志（homo-sexual）關係。不過愛朋友以致於喪命又另當別論了。對應這段臨別前的肺腑之言，巴薩紐的回應也充滿至情：

Antonio, I am married to a wife

Which is as dear to me as life itself,

But life itself, my wife, and all the world,

Are not with me esteem'd above thy life.

I would lose all, ay, sacrifice them all

Here to this devil, to deliver you. （4.1.282-87）

安東尼，我已經娶了妻子，

她的可貴如我自己生命一般；

但我的生命、我的妻子、加上全世界，

在我眼裡都不如你的一條命。

我願拋棄一切，對，用那一切

獻祭給這個魔鬼，來拯救您。

　　法庭一景兩位男士的臨別告白引人遐想。安東尼是同志嗎？巴薩紐是個雙性戀的紈褲子弟嗎？晚近的電影及舞台劇製作往往暗示同志情誼的傾向。本劇在劇終成就了三對情侶：波點和巴薩紐；波點使女尼麗莎（Nerissa）與巴薩紐的朋友瓜添諾（Gratino）；夏洛之女潔西可（Jessica）和巴薩紐朋友羅仁佐（Lorenzo）。三對情侶打情罵俏，言歸於好。安東尼仍然孤單一人，對照於開場時他無名的憂鬱，或許劇作家已經給他的落寞埋下伏筆，曲終之際，留下耐人咀嚼的空間。

結語

　　本劇結局三對佳偶歡聚本是喜劇慣用俗套，對猶太人的嚴懲呼應多數人的價值觀，符合當時倫敦觀眾的期待。劇本名爲《威尼斯商人》，安東尼在劇中常被直呼「商人」。劇本背景描寫的是初期資本主義社會，以貿易投資致富的新興階級興起，這群商人沒有貴族頭銜，但有資產，是社會的中產階級。我們或許可以用經濟學的原則來看故事的結局。傳統舊價值（異性婚姻）有助於累積財富，生養眾多；同志情誼終究被擱置，讓曖昧保持隱諱。日本的經濟學人人前研一

在《M型社會：中產階級消失的危機與商機》（2006）中指出：位於M形貧富兩端結構中間的中產階級，其中的80%將於二十一世紀消失。今天看來越來越多的中產階級逐漸朝貧窮線傾斜，成為「新貧」（new poor），預測似乎不謬。《威尼斯商人》側寫十六世紀末歐洲商人階級嶄露頭角的歷史階段，他們投資、冒險、競爭、操作金錢的槓桿遊戲，甚至瀕臨傾家蕩產，血本無歸。劇本的背景雖然是威尼斯，鏡影自然是莎翁熟悉的倫敦。在四個主要人物間，無論是基督徒富商、放高利貸的猶太人、喬裝出庭的女律師或是性傾向有點曖昧的威尼斯仕紳，莎翁保持從容的距離和同情／同理心。

延伸閱讀

影片

The Merchant of Venice. Dir. Michael Radford. MGM, 2004.

Cast：

Al Pacino as Shylock

Jeremy Irons as Antonio

Joseph Fiennes as Bassanio

Lynn Collins as Portia

【講員介紹】
邱錦榮
臺灣大學外文系名譽教授
曾擔任臺灣莎士比亞學會會長
「世界莎士比亞書目」國際委員會通訊員

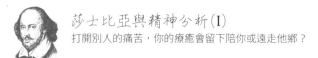

七、

金銀鉛三個匣子很性嗎：斯芬克斯（Sphinx）的謎題有多麼原始？

吳念儒

「我的標題一目了然：我選了一個非常廣的主題。我只能做初步的個人聲明，彷彿是在為一本書寫引言。我將不做歷史回顧，去表明我的概念如何從別人的理論裡發展出來，因為我的心智不是這樣運作的。實情是，我收集這個、那個，從這裡、那裡，集中注意臨床經驗，形成我自己的理論。最後才讓自己提起興趣去看我都從什麼地方，偷了些什麼。或許這和任何方法一樣好。」（周仁宇譯，取自 *Winnicott, D.W*（1945）*Primitive Emotional Development*）

雖然，我們不致於完全不引用前人的想法來支撐自己的論點，以及我們作為一個團隊，想要藉著這個有限時間的工作坊，談一些我們想談而且和前人不太一樣的想法。這些想法我們集體來建構想像，也許要多年後我們才知道我們走著

和溫尼考特相同的方法，多年後才知道我們的想法是從別人那裡偷了什麼，來讓我們看見了某些心底深處的風光。

　　先從佛洛伊德談論威尼斯商人的部分觀點出發，我的朋友會接續將這次工作坊的主題連結回到臨床經驗的對話。就請各位讓我先從精神分析作為起點談起。所謂起點，就是要走下去的地方，我的朋友們會著重在談論夏洛這位猶太商人，在承受社會歧視和排斥下所呈現的失落和報復，以及某些臨床經驗的對話。我們是想要藉由我們的說明，如同當年佛洛伊德從歷史慷慨的貢獻裡，找到其它故事描繪臨床過程裡的經驗和想像。因此我們如同早上談論李爾王朋友的論點，我們相信這些故事可以如此長存，勢必有著什麼訊息值得我們採用，尤其是我們做為精神分析取向的專業職人，我們更關切如何採納有趣且有用的故事來幫助我們說出臨床經驗裡難以說清楚的現象，一如佛洛伊德當年引進伊底帕斯王的故事來說明，並且發展出至今仍有著臨床重要性的伊底帕斯情結。不過我們不認為精神分析的故事就要停在這些而已，我們仍努力在尋找其它新故事，如同虎克發明顯微鏡，讓我們看見事物的其它面貌，也許只是如同以白話文翻譯文言文，或者在我們的日常工作中，找出更能引領我們看見內心世界的其它故事。

就這篇文章的主題而言，是關於想要「揭曉（揭開或曉得）」「謎底」的事情。就如同《威尼斯商人》中，巴薩紐（Bassanio）要從三個各帶有一句提示的金銀鉛匣子中做出選擇，選對了，就能夠跟美人波點（Portia）結婚，好比伊底帕斯神話中，斯芬克斯（Sphinx）就是個出謎語的人面獅身獸，伊底帕斯王故事的起源更是，由於伊底帕斯的親生父母得到了自己的孩子會弒父娶母的神諭，啟動了一連串事後回頭看來是徒勞的防範措施，終究仍然逃離不了命運的悲劇。

這些我們早就知道的謎底

　　尷尬的是，今天要談到的故事謎底到了2021的今天，很大的機會早就已經被知道了，像是早餐店飲料杯塑膠封膜上，就出現過斯芬克斯（Sphinx）出的謎語：「什麼在早上是四條腿，中午變成兩條腿，晚上卻變成三條腿？」又或是如果在座各位聽過〈誠實的樵夫〉的故事，湖中女神用金銀斧頭測試樵夫，樵夫不為昂貴的金銀斧頭所誘惑，誠實以告，第三把湖中女神拿出來的才是他丟失的斧頭，最後湖中女神將三把斧頭都給了他，也就是說，如果我們是威尼斯商

人裡的巴薩紐，我們也已經知道答案要怎麼選，才能夠贏得美人歸了。

　　還有標題所提出的問題：「金銀鉛三個匣子很性嗎？」我也可以直接回答：「很性阿！」佛洛伊德在《朵拉：歇斯底里案例的片斷》[1]一文中，朵拉的第一個夢：「一間房子著火了。我的父親站在我床邊，把我叫醒。我迅速地穿上衣服。媽媽想停下來搶救她的珠寶盒；但是父親說：『我拒絕讓我自己和我的兩個孩子因為妳的珠寶盒而被火燒到。』我們匆促地下樓，而我一到外面就醒過來了。」匣子性質類似珠寶盒，而佛洛伊德也對珠寶盒的分析在該篇文章中反覆詮釋與女性的性器官、女性自慰、與雙親複雜的情結等主題緊密關連，並且有這樣的說法：「……盒子（在德文中，Dose），像女用織網袋和珠寶盒一樣，再一次地，只是維納斯貝殼、女性性器官的替代詞。」

既然我們已經知道了，那還有什麼戲可以唱？

　　佛洛伊德在1913年發表的《三個匣子的故事（The Theme of the Three Caskets）》[2]，引用了這部《威尼斯商人》的其中一條主線，某人家的女兒波點公開徵選女婿的

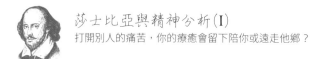
過程，佛洛伊德在文章的起頭是這麼說：

「莎士比亞筆下的兩幕劇，一幕令人歡愉，另一幕則是悲慘的，這兩幕劇近來讓我有機會提出一個小問題，並獲得解決。令人歡愉的那幕，是《威尼斯商人》當中，在三只匣子之間選擇求婚者。美麗又聰明的波點[3]遵照父親的意願，在三只匣子面前，選擇正確的求婚者為配偶。三只匣子分別是金、銀和鉛製的，正確的匣子藏有她的肖像，兩位求婚者已無功而退，因為他們分別選了金、銀匣子。巴薩紐，第三位求婚者，決定選擇鉛匣子；他因此而贏取了新娘，在這命中注定的試煉之前，她的芳心早已默許他了。每位求婚者對自己選擇的匣子，要說一番讚美之詞，並對其它兩者加以貶謫一番。因此這最困難的工作落在第三位、幸運的求婚者身上，他能讚揚鉛匣子並據而貶低金、銀匣子的理由並不多，而且顯得牽強。在精神分析的施行中，如果我們聽到這樣的說法，便可以猜測在這些無法令人滿意的說詞的背後，隱藏著其它的動機。」

這篇文章中，佛洛伊德舉了其他童話或神話的例子，來呼應第「三」個被選中的是「沉默不語」，沉默，是「死亡」的代表。按照這樣的思路，已經知道了謎底的我們，是否選了死路一條呢？引用蔡榮裕醫師在不同的專業場合中

反覆的提醒，像是伊底帕斯情結，這樣的精神分析的用語，如果我們只是像是貼一個標籤那樣說：「這就是伊底帕斯情結！」這在臨床上，可以說是死掉的語言。我試著以此為基礎來多談一點。我想，並非這些專業用語不能用，而是從臨床現象到我們暫時可以標定一個用詞、一個定位，這中間我們在臨床上、要經過多少在診療室中與病人的往返來回的治療工作，一個專業用語，甚至是精神醫學診斷，才有它自身的意義和生命力。

佛洛伊德在同樣這篇文章的最後一段裡，談論母親的角色所隱含的三個方向：

「文學創作者將選擇三姊妹的人呈現為年邁、垂死的老人，這使得我們更為接近這古老的主題。他對由於慾望轉化後而扭曲的古老神話，進行還原地修復與處理之後，使我們有機會一睹原來的意義，也讓我們對這主題中的三個女性形象，得以作一表淺的、具寓意的解釋。我們也許可說男性與代表如下的女性，有著不可避免的關係：生育者、伴侶和毀滅者。或者說，對他而言，代表了他生命過程中母親的三種不同形式：母親本身、按母親的形象選擇的愛侶、最後是大地母親，再度接收了他。年老的男性枉然地企圖重新捕捉女性的愛，像是他最初由母親那邊所獲得的一樣，只有命運女

神中的第三位，沉默不語的死亡女神，將他摟進臂彎。」

大地母親，如果是土地，土地本身不會只是用來埋葬死者的，土地也在孕育生命，已知且避免不了的死亡，要如何開展生命力呢？

置之死地而後生：此3非彼3

原本今天引述來自莎士比亞戲劇裡的1、2、3，是包括了三個選擇：威尼斯商人中的金銀鉛匣子，以及李爾王的三個女兒，我接著想試著談談別的1、2、3的可能性。置之死地而後生，換一句話說，是如何在我們認為已經知道的情況下，相信仍然有我們所未知的領域。

佛洛伊德在1901年出版的《日常生活的精神病理學》[4]裡談論口誤時，引用了莎士比亞的《威尼斯商人》。對於《威尼斯商人》裡的劇情，佛洛伊德是這麼說：Otto Rank（1910）在莎士比亞裡找到劇作家應用語誤的另一個例子：

「在莎士比亞的《威尼斯商人》[5]（第三場，第二景）裡，有一則戲劇式的語誤，極其微妙地意有所指，表現高超技巧的使用。……故事大概是如此：父親的遺囑，規定波點必須憑著運氣來選擇丈夫。很幸運地，她逃過了所有令她討

厭的求婚者。後來她終於發現巴薩紐很合她的心意，但是她更怕他選錯了匣子。她很想告訴他，即使他選錯了匣子，他也還是可以得到她的愛。但是她又不願違背誓言。在這一場內在的衝突中，詩人對她的心上人說出了自己的話：

『請您稍安勿躁，等個一兩天
再來賭賭運氣，因為如果選錯了，
我會失去您的陪伴；再忍忍吧。
我有預感——但這不是愛情——
我不會失去您……
……我可以教您怎麼選才對，
但我就會發了假誓。
我絕不會做。那您就可能選不到我；
果真如此，您會使我希望自己犯罪，
悔不當初沒發假誓。只怪您那雙眼睛！
迷惑了我，把我分成了兩半：
一半的我屬於您，另一半也還是您的——
該說屬於我：但若是我的就是您的，
因此全都屬於您。』

她只想給他一個非常微妙的暗示，因為她本來應該對他完全隱瞞，也就是說，即使在他做出選擇之前，她已然全部

是他的並且愛著他——詩人正是這一點具有極好的心理敏感度，導致在她的語誤中公開地突破；透過這種藝術手段，他成功地緩解了戀人難以忍受的不確定性，也減輕了同情聽眾對其選擇結果的懸念。」

接著，我要將佛洛伊德這段〈語誤〉中的文字，嘗試延伸來談如果1是出謎題的人，2是猜（已經知道）謎題的人，3可以是什麼？

藝術創作與身體經驗

我們看著波點與一見鍾情的巴薩紐相遇卻不能洩漏謎底給他，因為她已經承諾了父親的遺囑，在自由戀愛和不可違的父命之間的掙扎，我們從原本知道謎底的觀眾，當衝突、掙扎、焦慮被容許浮現於我們的心中，同時也是在心裡騰出了感同身受的第3個位置。

邵氏電影《梁山伯與祝英台》，也同樣呈現了自由戀愛和父命難違之間的掙扎，電影最大的謎底，一開始就揭曉了：「英台是個女的！」而整部電影用了至少四個橋段：像是英台喬裝郎中開了十味藥，為了說服父母讓她女扮男裝去杭城讀書、英台必須返家辭別師母時，坦承了女兒身、十八

相送的橋段，英台暗示梁山伯自己是女兒身以及對山伯的愛意、師母出謎題要山伯知道英台已經將自己許配給他，梁山伯趕至祝家，與英台的相會也周旋了一陣子讓英台的身分完全揭露。四個橋段都是由祝英台出謎題，讓父母、師母、梁山伯猜她真正的身分。1是英台，2是猜謎的劇中角色或知道謎底的我們，那3是什麼？為什麼這部電影當年轟動全台？我想是電影的藝術創作中所有的元素，讓我們真的有了經驗，無論是前面說的感同身受，還有是故事的編排、動人的黃梅調、演員精彩的表演等等，或許讓觀影的我們，連身體有了真實的感受，看的過程的揪心、悲傷、遺憾和淚水，藝術創作所振盪出的身體經驗，也是3的其中之一。

在準備這篇文章時，還不知道邱錦榮教授會如何談威尼斯商人，但光是看到標題：「三個匣子和一磅肉」就值得反思，今天這裡或診療室裡談的，不會只是像是三個匣子的選擇，只是在心智中的工作，有血有汗的「肉」，身體經驗也是精神分析治療中無可避免且無法被忽略的版圖。

語言作為遊戲和幽默感

像是波點在她的詩裡洩漏了自己對巴薩紐的一見傾心，

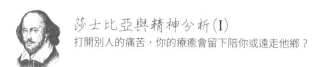

佛洛伊德談及這樣的藝術手段，緩解了無論是劇中兩位主角
以及觀影的我們的焦慮不安。原本一翻兩瞪眼的選擇結果，
再度撐出一個空間讓我們的相互共振的感受可以有一個渠
道。這讓我想到當談到分裂機制，好壞的壁壘分明或是非黑
即白，溫尼考特所提的中間地帶、過渡空間，所扮演的則是
另一個3。佛洛伊德在〈防衛歷程中的自我的分裂〉文章中
說到：「那麼，讓我們假設，一個孩子的自我在強大的本能
需求的控制之下，它習慣於滿足這個需求，並且突然被一種
經驗所嚇到，這種經驗告訴我們，這種滿足的持續將導致幾
乎無法忍受的真實危險。現在，它必須決定要麼承認真正的
危險，對其讓步並且放棄本能的滿足感，或者，要麼放棄現
實，讓自己相信沒有理由擔心，以便它可以保留滿足感。因
此，本能的需求與現實的禁止之間存在衝突。但實際上，孩
子沒有選擇任何路線，或者說他同時選擇了這兩種路線，這
是同一件事。他用兩個相反的反應來回應這個衝突，這兩個
反應都是有價值且有效的。一方面，在某些機制的幫助下，
他拒絕了現實，並拒絕接受任何禁令；另一方面，他以同樣
的口吻認識到現實的危險，接管了對這種危險的恐懼，將其
視為一種病理症狀，隨後試圖擺脫恐懼。必須坦承這是對這
個困難非常巧妙的解法。爭執的雙方都應分享自己的本分：

允許本能保留其滿足感，並表現出對現實的適當尊重。但是一切都必須以一種或另一種方式付出，而這種成功是以自我的裂痕爲代價的，自我的裂痕永遠無法治癒，但隨著時間的流逝而增加。面對衝突的兩個相反的反應仍然是自我的分裂的中心點。整個過程對我們來說似乎很奇怪，因爲我們理所當然地認爲自我的歷程的合成本質。但是我們顯然對此有錯。自我的合成功能儘管極爲重要，但仍受特定條件的影響，並容易受到各種干擾。」[6]

　　威尼斯商人裡出現的安東尼以及夏洛，這兩位兩極化且經常被拿來論述的角色，安東尼和夏洛被社會分成兩組對立或對照的人生群組，有著的分裂機制，也是在劇情上造成衝突張力、引人入勝的對比。在這衝突、不相容的兩方之間，我們來看是否有機會將第3次元給建構出來？

尾聲，一個謎題

　　引述波點第一個要爭取她的摩洛哥，也就是選擇金匣子的男人。從劇本裡面，摩洛哥其實是千頭萬緒的，他不是沒有考慮過銀匣子或鉛匣子，而是他決定要選擇匹配得上波點以及他對她的心意的金匣了，他是這樣想的：

「我的出身配得上她，無論財富、

風采、還有各方面的教養：

更重要的是，我的愛也配得上。

要不要到此為止，就在這裡做選擇？

還是再看一眼這金匣子上鏤刻的字：

『誰選中我，必然獲得眾人所欲。』

嘿，那就是小姐囉，世人都垂涎她；

打從四面八方都有人來一親這神殿，這人間聖女的芳澤。

……

罪過的念頭啊！如此值錢的寶石豈能不用金子來鑲？

在英國他們有一種錢幣，上面是天使的像用金子鑄造；

但那是雕刻上去的：

而這裡有個天使，在金子打造的床裡藏得好好的。

把鑰匙給我：

我選擇這個，願我心想事成。」

「什麼時候，選擇昂貴的、珍貴的、最有價值的，被認為只是勢利的？是否對應於精神內在的『什麼』？曾經被我們所渴望，但卻因為『某些原因』而走向被摒棄、打入冷宮

的命運呢？」這是我想跟各位一起思考的謎題。這個謎題，似乎連結著劇中另一條故事線……

安東尼與夏洛表面上是一般商業資本與高利貸資本的對抗，安東尼與夏洛的對抗，也是有著道德衝突的意涵，是對善與惡的選擇，並以如何待人作爲判斷的基準。例如：安東尼被朋友當作是「最親密的朋友，熱心爲善，多情尚義」，在他身上存一個心腸最仁慈的人留著比任何義大利人更多的古羅馬俠義精神；至於夏洛則是「心如鐵石」、「不懂得憐憫、沒有一點慈悲心的、不近人情的惡漢」、「一心一意只想殘害他的同類」。夏洛的精明算計以及將獲利當作是重要的核心欲望，好像故事中隱約存在著一種價值，認爲夏洛是該被撻伐且唾棄的。

然而，如果我們用某一種價值框架來看待這兩方的衝突，好比陷入了只有二選一的分裂機制所帶來的難題，像是：誰善誰惡？誰好誰壞？誰眞誰假？誰對誰錯？引述Brenner在《自我功能的古老特徵》一文中對於精神內在結構衝突的論述：

「正是心理組織的這一事實為我們對古老的自我功能的觀察提供了一個合理的解釋。對一般性格特徵的起源和動力精神分析研究已經非常清楚地表明，孩童的性及其精神內在

衝突到正常的自我功能模式具有相關。

　　許多正常的性格特徵是由精神內在的、嬰兒的衝突所決定的，不亞於病理特徵和神經症症狀。因此我們不必感到驚訝，如果這種衝突也對自我功能產生其他影響。」[7]

　　無論是金匣子或錢財利益，是否又再度回到古老的性本能和本我（id）的主題？與之衝突的是什麼？超我？死亡本能？道德價值？而第三個可能的選擇，是嘗試以精神分析作為一種方式來接近這部戲及其相關的主題，也就是需要回到人類精神內在結構，一起來看這件事情了。

　　本工作坊我們將要共同另外看看其它的臨床主題，包括個體和群體的關係，以及幽默的態度在臨床裡的可能位置，而在最後我提出的謎題，其中的複雜關係接下來我的朋友們會接棒繼續談這些細緻的心思。

參考資料

[1] 佛洛伊德著，劉慧卿譯，心靈工坊出版。

[2] 中譯版本引述自《論女性：女同性戀案例的心理成因及其他》，佛洛伊德著，楊明敏譯，心靈工坊出版。

[3] 中文翻譯人名為求整篇文章一致以便閱讀，採用版本為：威尼斯商人，莎士比亞著，彭鏡禧譯注，聯經出版。

[4] 參閱並重新編譯（日常生活的心理分析，林克明譯，志文出版社）——本中譯版本書名與本文提及《日常生活的精神病理學》為佛洛伊德同一篇著作。

[5] 威尼斯商人，莎士比亞著，彭鏡禧譯注，聯經出版。

[6] Freud, S. (1938). Splitting of the Ego in the Process of Defence.

[7] Brenner, C. (1968). Archaic Features of Ego Functioning.

【講員介紹】
吳念儒
臨床心理師
臺灣精神分析學會會員
精神分析取向心理治療師

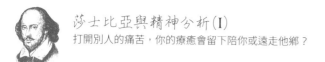

八、
不可思議的原始性：胡蜂與蘭花的相互邀請渾然天成

劉玉文

嬰兒對於未知世界的原始探索

「（第一次會談）『我在桌上立起一個直角壓舌板，這孩子很快就感到興趣，看看它，看看我，用大大的眼睛和嘆氣長久地凝視我。如此持續了五分鐘，這孩子還是無法下定決心去拿壓舌板。過一會終於去拿的時候，她一開始也無法下定決心把它放入嘴裡，雖然她顯然想這麼做……』這個嬰兒坐在媽媽腿上，隔著桌子與我相對。媽媽兩手把孩子抱在胸前支撐她的身體。因此在孩子氣管痙攣時很容易看得出來。從媽媽的手可以看出孩子胸部強烈運動，深吸氣加上拉長受阻的呼氣，也可以聽到她呼氣的噪音。媽媽和我都可以看出嬰兒氣喘發作。兩度當孩子遲疑要不要去拿壓舌板時，都有氣喘發作。她把手放在壓舌板上，然後，當她控制身體、手和環境時，她發展出氣喘，而這涉及某種

對呼氣的不自主控制……『過一會，我和媽媽一直保持在原本的狀態裡，而她似乎逐漸因而得到安慰，她發現自己可以去拿它了。在她把它拿向自己時，我注意到正常的口水流量，接下來幾分鐘她都自信地在享受這個口腔經驗。』……當她終於對嘴邊的壓舌板感到自信時，當口水流動，當死寂轉為對活躍的享受，當觀望轉為自信的此刻，氣喘便停止了……」（周仁宇譯，取自Winnicott, D.W.（1941）The Observation of Infants in a Set Situation.）

母嬰關係中的「我」‧「非我」

在前述的引文裡，我以溫尼科特的說法作爲觀察的參考點，來說明精神分析觀察事情的方式以及如何形成我們的想法。溫尼科特觀察到嬰孩對於未知世界的原始探索，過程中有著嬰孩自己的觀察和詮釋，到後來伸手拿取壓舌棒的動態變化。嬰兒在心理和身體上會不斷敏感於母親（重要客體）所有的反應，在出生初期還無法區辨自己的想法、感受和他所知覺到的世界是和母親有差異。當嬰兒生起欲望，在等待母親進一步回應時，外表看似沉寂，但內在空間卻有一股向外噴發的力道，像是氣喘、噎住、呼吸困難及其他類似

的反應都被感知為對身體和母親是有破壞性的。如果母親沒有因為感受到痛苦或挫折所產生的憤怒或不適而採取報復舉動，嬰兒會知覺到母親在毀滅攻勢下倖存了。這時候，嬰兒會感受到自己出現攻擊性反應的時候沒事，經驗到我可以有這樣的反應，漸漸嬰兒才能夠知覺母親是真實的另一個他者，非我，是與自己並存於世的存在。當能夠停下「我的感覺就是母親的感覺」的投射，也才能自在地對待母親，不會害怕母親的報復，可以繼續對生命好奇與探險。以上的描述，雖然方便於大家先對母嬰關係有個概略的圖像，但畢竟是粗略的，生命的奧妙遠比這些更精緻和豐富，需要再深入這些破壞衝動在恨與愛的互動中所扮演的角色。如果嬰兒仍是處在只有「我」的內在世界，裡面沒有不帶攻擊回應的「非我」者存在的時候，那樣的生命又會如何存續呢？

時代的眼淚是喜還是悲

《威尼斯商人》[1]是莎士比亞的喜劇作品，威尼斯商人安東尼（Antonio）為了幫助好友巴薩紐（Bassanio）娶得波點（Portia），而與一直視為仇家且放高利貸的猶太人夏洛（Shylock）借錢，並答應若是無法還錢就割下自己胸口

的一磅肉抵債。沒想到計劃趕不上變化，他的商船在海上遇險無法如期還款，被夏洛告上法庭。夏洛過往一再遭受基督徒，包含安東尼的侮辱歧視，而女兒潔西卡（Jessica）又跟基督徒羅仁佐（Lorenzo）私奔，夏洛帶著新仇舊恨來到威尼斯法庭。他斬釘截鐵的拒絕和解，堅決施行借據條款，從安東尼身上割下一磅肉，這時劇情來到最高潮。另一方面，美麗富有的波黠（Portia）抱怨被父親剝奪了婚姻自主權，必須遵照父親的遺囑繼承遺產和選丈夫，也為此感到苦惱。所幸她心意所屬的巴薩紐選中了鉛盒，兩人終成眷屬。在「法庭訴訟」一幕中，由於裝扮成法學博士的波黠在千鈞一髮之際向夏洛指出，借據上只說他可取安東尼的一磅肉，但可沒說他能拿安東尼的一滴血。在夏洛語塞，無法只割安東尼的肉而不流血的情況下敗訴，並且失去了財產。波黠機智地救了丈夫好友的性命，並惡作劇向沒認出她的丈夫討了結婚戒指作為勝訴的酬勞，回家後再假意指責他沒遵守承諾，引起一場喜劇性的吵嘴，最後圓滿落幕。

雖然劇中安東尼以自己的肉來換取借貸的驚悚情節加強了後來的喜劇結局強度，但也讓我想要探究喜劇裡的失落和憂鬱，以及在個體和社會群體之間的關係。Greenberg在美國精神分析雜誌發表了一篇〈威尼斯商人裡的夏洛〉中提到

「夏洛（Shylock）處在另一個極端。他是一個中年男子，一個有適婚年齡女兒的鰥夫。他吝嗇、冷酷、狡猾、強硬、機智。這齣戲只提到一個朋友，另一個猶太人，更多的是商業夥伴，而不是朋友。夏洛是一個苛刻的主人，也是一個無情的父親。女兒形容他們的家為「地獄」，她被禁止參加在城裡舉行的慶祝活動。夏洛鄙視基督徒，憎恨他們的偏見。他也是虛偽的。在表達對宗教熱愛的同時，顯然賺錢是更為重要的。

我們感到被他排斥，但也發現了一些值得欣賞的特質。他聰明、足智多謀、善於表達。在一次簡短地提到他已故的妻子時，是充滿了愛和溫柔的。莎士比亞在反對反猶太主義的演說中，給了他在所有文學作品中最有說服力的話：

難道不是猶太人的眼睛嗎？

不是猶太人的手、器官、尺寸、

感官、感情、激情嗎？

如同基督徒，以同樣的食物餵養，一樣受到冬天和夏天變熱和變冷的傷害？

如果您刺我們，我們不會流血嗎？

（翻譯自Samuel I. Greenberg, 1985, Shylock in the Merchant of Venice, American Journal of

Psychoanalysis, 45(2): 160-165.）

　　在這裡，我們可以嗅出個人和社會群體間的對立與愛恨交織。對於猶太人的民族性我開始產生好奇，谷歌大神帶我來到《塔木德》，這文獻記錄猶太教的律法、條例和傳統，是一部研究與探索智慧的書，如同禪宗的公案，透過禪宗祖師開悟過程，或是教學片斷的小故事來指引生命的去向。猶太人口在世界所占的比例占少數，卻掌握著世界經濟的命脈，握有世界上龐大的資產，然而猶太民族常活在動盪中，四處流浪也受到打壓與迫害。《塔木德》[2]在現代被視為是猶太人的致富聖經，書中闡述猶太人相信上帝給予光明，金錢散發溫暖，金錢是上帝的禮物。當猶太人把金錢視為現實的上帝，錢可以永遠保護自己，感到有尊嚴和獲得尊敬，在這種情況下賺錢成為猶太人的一種原始本能，但也因為他們富可敵國，常遭受嫉妒與恨意。猶太人沒有國家和政府，相當遵從契約和約定俗成的規則，他們不但要求自己，也要求與他們交往的人。他們崇尚節儉，但也盡情地享受生活，儘管把追逐財富看作人生的最高目標，但他們並沒有把賺取財富，看成是一個很艱難的過程，而是當作一種遊戲。他們善於借用他人的資源來發達致富，他們喜歡閱讀，鑽研法律，

從而合理地找出漏洞來獲取最大的利益。也因為錢使他們
獲得了保護和安全，於是更積極樂觀地賺錢來獲得更大的保
護，隨著賺錢能力越來卓越也越來越富有。我跟隨搜尋到的
資料描繪出猶太民族可能的樣貌，對夏洛所身處的時代背景
有更多的了解。

　　此外，他們善於以用幽默來揶揄和面對殘酷的人生，
來表達對敵人的譏諷。我想這些態度是戲謔還是幽默，非常
取決於智慧，而這些外在現實與內在信仰看似矛盾不相容，
卻進入共存共生、相輔相成的局面。這樣無止盡的循環，
是生機還是毀滅？或者兩者是並存的。想起創作《浪人劍
客》，也是畫《灌籃高手》的著名漫畫家井上雄彥，他說為
了畫出「光」，就必須描繪「影」，這句話不只是指出素描
的原則，也是井上雄彥在面對創作停滯和煎熬，進入死寂時
所體悟到的。《浪人劍客》的主角經歷鬥爭和殺人的過程是
「影」，要面對人心在殺瘋時的無邊無盡黑暗，才能瞥見生
命的光，而這是為了迎向「光」而不得不進行的殘酷過程。
我們的出發不是只要談社會或意識可接受的意識型態，而是
想要探索有什麼是難以理解、不可思議的原始性。

爲了畫出「光」，就必須描繪「影」

　　不管是夏洛生命中的掙扎，或是他成爲了成功的商人，後來在借貸的事件裡失敗的過程，亦或是透過只能靠借錢來贏得愛人的安東尼來說明在整個社會脈絡裡的失落和憂鬱，劇中不論失敗、成功、善意待人或報復他人都有著它們的意義。莎士比亞藉此佈展出深沈人性，也呼應著溫尼科特所主張的客體關係的存在，即不只關注在是否滿足，而是尋求和發現其中的意義。當然我不知道發現了某些意義後有沒有可能就如溫尼科特觀察的嬰孩：「當死寂轉爲對活躍的享受，當觀望轉爲自信的此刻，氣喘便停止了……」，不過既然是看戲，就請各位再看下去。

　　夏洛在法庭的辯論，態度傳遞出一刀一刀割進割出的狠勁，安東尼彷彿已經在接受凌遲，爲過去歧視猶太人的行爲付出代價，即使在面對死亡的極度恐懼與折磨，仍設法維持僅剩的尊嚴。而後劇情直轉急下，夏洛一步步看著自己失去本金和額外加碼的利息，還拱手讓出他的財富，就算充滿著算計和報復的心思，仍是不得不接受這樣的結果。這個法庭過程中的互動終究是個文明的過程，離人的原始性是有距離的。夏洛絕望地說「免了，拿走我的身家性命吧，不必

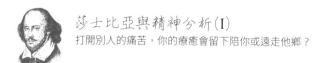

留了。您奪走我的梁柱，就是奪走我的房子；您奪走我賴以謀生的工具，也就是奪走我的生命。」對他而言，金錢是成功的象徵，是實現人生價值的工具，是上帝的恩賜，應該努力擁有它，甚至金錢就是現實中的上帝。過往爲了避免內心焦慮和維持自尊所把持的全能控制全面瓦解，無法再作爲防禦方式，而沒有財富又如同上帝的恩賜不在；內在的理想客體已毀滅，隨之而來的是被迫害的焦慮和受到懲罰的罪疚感受。安東尼不是想死卻簽下了死亡契約，夏洛想活，設計簽署了契約卻讓自己經驗了如同死亡的痛苦。這讓我想到治療室內的事，個案來談，一方面要假裝不死，帶著我還沒死的現實才可能談論對死亡的各種想像。但是，另一方面也不能僵固在假裝不死的狀態，因爲必須要踏上那如眞實死去的那一刻，承認會死掉，某些經驗才有可能發生。這兩種狀態會在治療室內切換著，或許是這樣，生命好像多了點空間可以思考，或許讓活著好受一點？

　　Millar在美國精神分析協會雜誌所刊出的《威尼斯商人》中描述「這場戲以安東尼（Antonio）的憂鬱症開場，緊接著巴薩紐（Bassanio）決心透過贏得一位美麗聰明的女繼承人波點（Portia）來解決他的債務，找到愛，與擁有這一切。爲了做場戲，巴薩紐求助於他的商人朋友兼仰慕者，而

他的另一半對他如此痴迷，以至於無法否定他。這種理想化的另一面是在背景群體關係中所反映的施受虐狂。安東尼和巴薩紐是基督教團體的成員，幾個世紀以來，基督教團體一直對猶太人投射了原始迫害性的罪疚。安東尼被描繪成從不會放棄鄙視這個群體的機會，他與猶太人夏洛建立並順從財務合約，向已知的敵人同意以自己的心臟作為契約義務，具有一定的受虐性。」（翻譯自David G. Millar, 2000, The Merchant of Venice, Journal of the American Psychoanalytic Association, 48(2): 682-684.）

　　從在當時社會上失去話語權的猶太商人夏洛這位失敗者的角度來看，除了他順應這個初期資本主義的社會階級對立和聚斂財富的主流，也讓自己被淹沒，並讓自己盲目於這種被淹沒的狀態，不然他要如何成功呢？一般制式想法是猶太人很會做生意，這是他們的成功之道，但是莎士比亞似乎還看見了生意成功之外的他們，以其它的方式想要成功。在《威尼斯商人》裡也許有著一般制式化的設定，即商人要陷害他人的故事，可是只這麼想是有些可惜，這些受歡迎的故事裡是否另有其它的深度心理學？讓精神分析取向的治療可以借用來描繪臨床的某個跡象，並讓我們藉由這個故事來做透鏡，看見先前不曾看見？或曾看見了但採取不同的故事

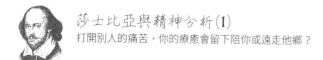

解讀來做爲看事情的角度，進而帶來不同的經驗和詮釋呢？人生是什麼？自己又是什麼？精神分析是從個體出發，探索個體的內在世界或潛意識，但是個體是不可能離開社會或群體，而在精神分析取向的職人勢必都會有團體做爲歸宿的所在，也因此我再進一步談論《威尼斯商人》夏洛所承受的冤屈是如何從社會轉至個體，進而成爲個體的失落和後續的防衛與報復？

極端的理想化與貶抑體現在劇中的社會群體，在高度推崇基督教的社會氛圍和民族性裡「神所選定」的優越信念下，個人企盼和全知全能的理想客體融合，裝配著對現實的全能控制，藉由戰勝別人，從內在現實逃離至外在現實的方式，來抗衡內心的恐懼、補救自己的缺陷並擺脫羞恥，這是一種對生命的幻想。然而理想化的癮頭註定帶來幻滅的失望感，當理想化的客體形象破滅後，便落入極端貶低之境，用否定意識來界定自己，例如：我不是異教徒、不是奴隸、不是失敗者，也作爲認識這個世界的基調。然後，生命不斷在善與惡、上帝與魔鬼、成就與失敗的兩極分裂中，走向不同群體之間的對立與抵抗霸權現象裡輪轉。

個人想尋求愛，卻透過殺戮、以命相搏的行動來找愛的感受，並藉此證明自己是值得的，但同時也付出不可思議的

代價，提高生存的成本。如此一來那些在政治邊緣的主體便難逃被妖魔化與物化，而且被整併成爲非我族類的命運。當想由「我」來反應天地間最重要的價值，那麼「我」便變成最重要、最緊抓的，所有否定「我」的人都要殺死。這不見得是外在具體的行動，而是一種幻想，更甚者，來到極致的那端，殺到天地間只剩自己的孤絕時，那便是心內無邊無盡的黑暗。這些潛伏在最深處，要達到天下無雙的信念框架或許就是一切生命劇本的核心主軸：包括無法戰勝所有人來達到獨一無二的生命歷程，這是悲劇的原型劇本；當用戲謔方式來呈現得不到第一的人生挫敗，便走向成爲喜劇的原型。

胡蜂與蘭花的相互邀請渾然天成

回到生命最初，攻擊是嬰兒與外在客體建立關係的最原始方式。克萊恩認爲嬰兒最初的愛與恨的客體——母親，既被強烈地渴望著，也被強烈地怨恨著。嬰兒的衝動與感覺伴隨著原始幻想心智的建構，希望母親的乳房能夠抑制饑餓感，得到餵食帶來的愉悅，並愛著這樣的母親。但是，當飢餓和慾望沒有被滿足時，恨意和攻擊就會接踵而來，嬰兒有撕咬和摧毀壞的乳房的幻想。這種攻擊性又引發內疚和迫害

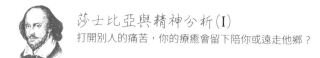

性的焦慮，出現想要補償的衝動、想要修復關係，想把在幻想中剝奪的美好東西還給母親。這些不同的感受是嬰兒在情感環境中與主要照顧者鬥爭的一部分，並且在成年後的關係發展上仍有一定程度的影響[3]。

　　佛洛伊德認為罪疚不僅是文明必不可少的，而且是其最大的問題。如果沒有最終從那些賦予我們生命的人手中奪走權力，我們無法找到自己的權威。罪疚不可避免地與失落的經歷密切相關。梅蘭妮・克萊恩表明，「通過愛的成長和修復能力，內疚變得更加可承受，同時更清楚地說明原始迫害性內疚的可怕本質及其與破壞性的關係。此投射到另一群體黑暗的邊緣，則充滿了虐待、粗劣、自卑和邪惡，形成了一個施受虐狂的契約，這種契約聯繫可能會持續許多代。當某些現實變得太危險而無法了解時，好奇心就會減弱，與另一群成員同理共感的識別能力會受到損害。限制或修復損壞的嘗試往往一再遭到破壞。對該群體可能實際負責的任何錯誤的仇恨都融合成對現有存在的仇恨，而這種仇恨關鍵性地常在社會和政治上被正常化。難道不是猶太人的眼睛嗎？難道沒有猶太人的手、器官、尺寸、感官、感情、激情嗎？無論怎麼樣，滅絕和根除是否已成為一件好事。」（翻譯自David G. Millar, 2000, The Merchant of Venice.）

　　關於難以理解、不可思議的原始性，我想都包含個人觀察周遭所發生現象和融合自身生理變化的一種解讀。生命最初的原始性也讓我想到德勒茲提到胡蜂與蘭花的例子，在談德勒茲的論述之前，先來看看大自然的現象。蘭花早在恐龍時代就已經存在，它的花粉進化成了塊狀，高度依賴昆蟲的傳粉。如果沒有傳粉的昆蟲，蘭花的傳粉效率會降低，數量便會急劇減少。為了吸引昆蟲來拜訪，蘭花進化出各種擬態和性的氣味，例如有一種長得像胡蜂的蘭花，叫做角蜂眉蘭，甚至還會分泌類似於雌性胡蜂氣味的費洛蒙，將雄蜂吸引過來，以性來達到傳粉目的，這讓雄性胡蜂毫無抵抗力。這種蘭花非常吸引雄性胡蜂，雄性胡蜂在有真的雌蜂和這種蘭花同時存在的時候，甚至會選擇這種蘭花，也出現前一隻雄蜂沒有走，後一隻雄蜂又撲上去的急切。當雄蜂落在花上，就會蹭上花粉帶走，等下次再上當就會帶到另一朵的蕊柱（雌雄性器官都長在其中）頭上，幫角蜂眉蘭傳授花粉。[4]

　　蘭花和胡蜂它們在主被動中的自然邀請好像是渾然天成。回到臨床上來看，這種生命的天成對大部分個案來說卻是不同的感受，面對成長中的艱苦，他們責怪命運讓他生在這樣的家庭裡，他們不覺得自己被邀請而來，而是個不被在

意的人。這種不被在意的感受好似蘭花般在原地吸收養分後長成目前的模樣，卻吸引了以爲是同類的胡蜂來相聚，而後又再傳粉後生成另一不被在意的生命。這樣通俗的說法或許只是描繪複雜人性現象的一部分，如同《威尼斯商人》這齣戲呈現出簡單的二分法，在情節可預測的氛圍中，身爲觀者的我們似乎又感受到有些什麼在騷動，也有種荒謬感。當再深入細想，現實生活中充滿二元對立思維，爲何我們不覺得荒謬？也或者覺得荒謬，卻在這單一簡化的因果關係，從非黑卽白的二元角度中來得到某種慰藉？來保護虛假的自我？或者獲取某種優越與勝利，而從中得到滿足？

　　另外可以推敲的是如德勒茲提出胡蜂和蘭花之間所潛在隱含的流變現象，這個邀請的主體並不是有意識的自我，胡蜂與蘭花和迴異於自己的「他者」相遇，「他者」有著絕對的差異，沒有具備任何同一性，透過自我內部變化的過程，經過「他者」而流變成一種另類融合的關係，像是一種化學變化，跨越了昆蟲與植物的生物界定。胡蜂成爲蘭花的生殖器，在自我解疆域化時也利益於已自我解疆域化的蘭花，透過雙重自我解疆域化作用，進入彼此生成的過程，是一種能夠產生呼喚和相互呼應的能力，展現出生命的積極與多樣性生成的可能[5]。這個「他者」是佛洛伊德

建構的原我嗎？又或是如在Jam Abram與Hinshelwood
在對話集The clinical paradigms of Melanie Klein and
Donald Winnicott[6]裡提到的，他們認為克萊恩所說的本能
（instinct）並不是佛洛伊德用這個字的原意，而溫尼科特
也不是驅力理論（drive theory）者，他們甚至主張使用這
些本能和驅力的字眼更像只是嘴巴說說（lip service）。克
萊恩的觀點和佛洛伊德的概念接近，但又不是完全同意，她
強調某些天生的因子，例如死亡本能；而溫尼科特是主張嬰
孩和環境之間（雙親和嬰兒的關係）的絕對依賴關係。如果
想像嬰兒和母親的絕對依賴關係並不必然如目前大家喜歡想
像的是人和人，而是潛在著如同胡蜂和蘭花的相互依賴的關
係呢？

你無法透過邏輯來看到美麗，有一個維度是超越邏輯的

在這裡我們不著墨在母愛的偉大力量，只是希望再多
細細思量，讓人性上自許所謂愛的存在法則得以有發揮的基
地。如果愛是文明化的展現，而它需要某些潛在的原始力量
做為基礎動力，在更深層的基礎中或許擴展另一種視野，即

另有這種潛在的、自然的，讓胡蜂和蘭花產生超脫出常軌卻洋溢生機的創造力量也是更原初的驅動現象。或者當我們想著愛的力量時，有時候也會發現以愛為名所帶來的某些暴力傾向，而當用以愛為名出發，實質上卻是以破壞力的結果呈現時，是需要其它比喻來形容的。劇中藉由選擇匣子裡的象徵來得到所愛的人的方式是個有趣的例子。當只能藉由猜測來得到愛人的過程裡是多麼無力和抑鬱啊！一如人無法選擇自己的父母，這是人性上很大的挑戰，尤其是那些從小就覺得自己是被排斥的人，而當這個被排斥是發生在三–四歲時的伊底帕斯情結之前的生命階段，對於生命早年的失落更是種難以說明、無以名之的經驗。

再來看看臨床中的現象，也是我們的生活，在名為愛的感受裡，我們帶著渴望合而為一的融合，追尋全能控制的感覺，卻也削足適履的活著：要我變得更像你，或者你變得更像我，來暗暗地避免內心焦慮和維持自尊。當我與你沉浸在愛中，你便是我曾經失去的另一半，又或者你我是殘缺的，要找到遺失的那一角結合，你我才變得完整。這樣的愛意味著是有個標準，以同一性來做比對，也意味著是在愛中合二為一；或許這對愛是一種可怕的理解，如果再擴展至群體，這樣的觀念就可能被極端操作，用來建構社會統一：要愛你

的種族，愛你的國家。雖然任何比喻都有它的侷限，但仍讓我們更能有路徑去想像和建構愛。

胡蜂擁抱蘭花而傳授花粉所帶來的生殖交配效應裡，有著愛和性的結合，蘭花演化出的「仿同」讓昆蟲產生錯覺，是植物在長期進化過程中逐漸形成的本能，不斷地適應環境，最終才能夠在艱難多變的條件下生存和繁衍。大部分蘭花希望只與一種高度專一的傳粉者建立關係，而且本身需要有能力生成一種只吸引特定種類的氣味，才能保證花粉萬無一失地抵達遠方某株同類蘭花的柱頭。蘭花和胡蜂兩者既非在模仿，也不是同化，是在過渡與聯繫中生成的一條逃脫路線，從固有的二元觀點跳脫，這力量本身就是那抽象的「愛」嗎？這不可思議的原始現象，也讓我再次回看一開始觀察嬰兒本能感受世界的方式，在生命最早年的經驗裡是否有著這種可能性？嬰兒和母親的最初絕對依賴關係是透過慾望而生成對自身有價值的連續變動，也在打破一切既有認知與邏輯的運動型態？這樣超現實的、不受理性的任何控制，與不依賴道德的衡量，像是將夢境與現實之間的衝突消解，創造出一種絕對的現實，如同母嬰關係中的嬰兒能夠從「一體共生的我」到感受自己是與母親是不同個體的抽象流變。

夠好的母親（提供親職照顧者）提供促進發展的環境，

她調整自己的行動、活動、甚至存在感去適應、滿足嬰兒的一切慾望和需要,讓嬰兒產生錯覺,活在主體的全能感——如果他餓了,乳房就會出現。這時候對嬰兒而言,是自己創造了乳房,是自己創造了週遭世界,嬰兒有著乳房就是完整的母親的錯覺。當然,這些抽象的重要語彙是需要更多的故事或象徵來讓我們可以進一步細想和建構生命早年的心理經驗。

但願再相見時不再以命相搏

在這裡也繼續引用Millar(2000)在美國精神分析學會期刊發表的片段「他打開了沉重的鉛匣子,找到了他渴望對象的圖像。然而,隨著安東尼商業失敗的消息迅速傳來,抑鬱、失落和內疚也隨之而來。我們已經知道,預計打開銀匣子的是一個『眨眼的傻瓜』,『是獲得他所有應得的』。眨眼的傻瓜現在被證明是巴薩紐,因為他的另一半遭受了迫害性內疚的可怕行動。在納恩(Nunn)的作品中,安東尼接下來被描繪成是個一無所有的難民或政治犯,無奈地追隨夏洛,後者變得越來越像納粹。當夏洛的女兒潔西卡(Jessica)與她的基督教戀人羅仁佐(Lorenzo)私奔時,夏

洛確立契約的決心又進一步增強。他仍然能夠認出丟失的好東西是『他的親骨肉』，但無法忍受的痛苦是看到潔西卡報復的程度並非來自否定骨肉親情，而是她對她父親霸道控制的憎恨。內疚是一個複雜的心理過程，是一種自身製造出來的情緒，是在背離自定的行事準則或公認的道德標準的情緒經驗。如果罪疚感無法被安撫，懲罰性內疚過度的操作只會轉變成對他人的盲從，與自我的弱化，會對修復進行防禦，阻止人們面對現實，承認錯誤，妨礙治癒歷史的創傷，看不到自身的良善而落入完全道德敗壞的自我形象。」

　　雖然生命存在著攻擊衝動，愛的感覺與修復動能如何發展呢？「胡蜂—蘭花之戀」是一種幽默的說明吧！一隻雄性胡蜂把蘭花誤認為雌性胡蜂，於是它們之間發生了偽交配，雄蜂獲得了花粉，並把花粉傳給了另一株蘭花，是錯覺產生了某種力量。如果這也是愛，「胡蜂—蘭花之戀」並不是愛其所同，而是愛其所異。愛不意味著同一、不意味著在愛中合二為一，而是跳脫排它性、跳脫比較，接納彼此是特異的，在你我的邂逅中進入自體質變，共同活出更飽滿的樣子，非治療性的意圖，卻進入了療癒。

參考資料

[1]莎士比亞著，彭鏡禧譯注，威尼斯商人，聯經出版，2006。

[2]佛蘭克‧赫爾著，徐世明譯，塔木德-猶太人的致富聖經：1000多年來帶領猶太人快速累積財富的神祕經典（修訂版），智言館，2014。

[3]梅蘭妮‧克萊恩著，呂煦宗、李淑珺、陳維峰、甄家明、龔卓軍譯，愛、罪疚與修復，心靈工坊，2009。

[4]性不性，有關係？（修訂版）：認識生命科學必讀的性博物誌，林正焜著，商周出版，2015。

[5]楊凱麟（民95）。（特異）點與一（抽象）線─德勒茲思想的一般拓樸學。台大文史哲學報，64，173-189。

[6]Abram, Jan/ Hinshelwood, R. D. (2018), The Clinical Paradigms of Melanie Klein and Donald Winnicott: Comparisons and Dialogues, Karnac Books.

【講員介紹】
劉玉文
諮商心理師
看見心理諮商所 治療師
企業／學校／社福機構 特約心理師 及身心健康講座、藝療淨化工作坊 講師
臺灣精神分析學會會員
聯絡方式：backtolove99@gmail.com

九、
威尼斯商人與診間的舞臺：光與鏡子的祕密遊戲

劉又銘

（Slide 1：看見）

　　據說莎士比亞曾借哈姆雷特王子之口說過：演戲的目的，從古到今，一直都好比是舉起鏡子反映自然；顯示出美德的真貌、卑賤的原形，讓當代的人看到自己的百態。要看到東西，需要鏡子反射光的訊息到人的眼睛，一種接收與解釋感覺的過程。

　　聯想一個謎題：治療間的人性現場，有時感覺會像在演出一場甚麼戲，那是甚麼呢？是因為感覺與好似，在所見之物的背後有某種訊息在傳遞，而將發生之事看作一種有原因的演出來試圖解釋。就好似某些事要能被看到，但須以一下子看不清楚的方式，才能被清楚地看嗎？

　　來看威尼斯商人第一幕，一個關於憂鬱發生了的故事。

（slide2：憂鬱）

　　安東尼：眞不知道我爲什麼這麼憂鬱。攪得我疲憊，你們說攪得你們疲憊。但這因何而起、而來、而得，是甚麼樣的材料，甚麼樣的緣故，我還得請教。憂鬱害我變成了大傻瓜，連我自己是誰都弄不清楚了。

　　（朋友們交相解釋著猜測著，安東尼憂鬱的原因，鉅額的投資固然危險，但或許有更爲危險的事物，但戀愛，哼胡說。）

　　當朋友登場提到安東尼你憂鬱太多了，安東尼提到：世界對我只是個世界。瓜添諾：是個舞台，人人都要扮演個角色，而我扮演苦角。……

（Slide 3：角色登場）

　　看到個還搞不清楚的故事，憂鬱是目前的主角，所有人圍繞著憂鬱出場，藉著憂鬱說三道四。巴薩紐來了，訴說他對戀愛煩惱的小憂鬱而登場，而又牽引著安東尼爲他無償借錢的付出，令人看見巴薩紐必定有其過人之處，如瀟灑倜儻之貌。接續登台的是波點的憂鬱，波點這位聰穎、富有、享

盛名又美麗的女性，煩惱著自己的追求者，總跟自己的理想甚遠，自己若落入這般田地甚是可憐的哀怨。但他們以不同的方式對憂鬱回嘴呢，安東尼以忠誠，瓜添諾以幽默，巴薩紐以冒險，波點以掌控。

（Slide 4：打光）

看著各自在戲中憂鬱的眾人，觀眾心中或許每人不同，但憂鬱是主角嗎？抑或像是舞台上的探照燈，照亮這些人不同的足跡與個性？在眾人對憂鬱的來往之間，觀眾眼中照過的某個人的影子能讓另一個人物鮮明起來，就像打光一般。

當病人帶著憂鬱而來，希望能夠解開憂鬱的謎題，該有甚麼解答，會是像安東尼的朋友那般猜測而後說你說錯了嗎，或是波點這般想掌控自身的命運？不可能立刻見到，因為那在目前光照射不到的位置。而臨床上常見的情形是，共演一段路程的歷程。劇場登場人物的角色性格，乃透過人物需說的台詞與故事才能夠開展。

（slide 5：光與鏡子的能力）

維尼克特曾在aggression: in relation to emotional development中說過，人對待外在世界的方式，也是對待自己內心世界的方式。戲劇若是能映照人內心的鏡子，人看戲劇，可以說跟看自己，了解自己，與承載自己的願望有關。但甚麼是看見？似乎光的傳遞，不只是反射形狀而已，而更是帶著彼世的訊息藉由通道前往他方。病人帶著自己的故事而來，等待治療者展現鏡映與了解的能力，這是一種演出的過程，但更令人驚訝的是，看見的能力應該不是只有光的傳遞，舉個例子是光所無法照耀之處的傳遞。比如憂鬱的樣貌看不見裡頭，但，是這種陰影的樣貌，才讓觀眾看見了人物其他的部分，好比憂鬱的人不說話的行為，勾勒出需要別的通道例如想像力而得以接近憂鬱的其他部分。

（slide 6：打光，而仍無法照亮盲目的所在）

不僅是因為有光而看見，而是看見了「有光仍然無法看見」的事實。在選金銀鉛匣子的劇情，失敗的阿拉岡王子質問：難道我只配得到傻瓜的腦袋？波點說：犯罪和定罪是兩

碼子事，兩者本質相反（To offend and judge are distinct offices），這句話或說是，你的選擇已定，而你的選擇的後果，則交由另一種系統來審判，你無從干涉。

　　這是否詮釋了一種狀況：人的行爲與後果並非是直線的結果，雖然看起來是（選盒子得結果）。以犯罪爲例，雖然現實上說，有著是先知道犯罪而爲的可能，但常常早先經驗是一個人要犯了罪事後才得知被解釋原來那個是罪，或被抓到才被定罪。甚至是有可能，後來先有著定罪的需要而後有犯罪的事實出現，這也是常見的人類受困的感覺。人命運之悲哀，跟不認得或無法看見自己與世界有關。這是很大的挫折。

（slide 7：盲目）

　　選匣子，要從字面與顏色上去解讀其背後意涵，也是一種盲目。有如解讀史芬克斯之謎，人類經驗上常困於盲目的世界，但是寓言故事則企圖演出一種簡單的道理，或許這是人之常情甚或是送給自己的禮物與期望，即當掙脫盲目陷阱後，就會給予幸福作爲獎賞。這像是人類心理能爲自己帶來幸福的感覺的其中一種。

解謎的確是有樂趣的事，波點的愛情，雖出了謎題讓對象猜，這樣的選擇就比較聰明而不盲目嗎？這是勾勒出有關於，人要如何試圖了解另一個人、自我、或許還有過去的識人不明的掙扎經驗？

病人前來治療，或者是出題給予對面的治療者，而使雙方陷入雙盲的情況，而開始引誘進入解讀，轉為一種過程去表達盲目處境的可怕。

（slide 8：要看見可怕物的收納）

第四場第一景，法庭上，在基督徒群眾的社會，出現一個不可知其底線的非公民猶太人，他以反仁慈的要求復仇的堅持願望，法庭給鬧個不可開交，眼看安東尼如同社會的信仰價值要被摧毀，但，好在那猶太人最終受到了教訓。

在這個男人理應具有權力決斷世界，先生彷如擁有太太且作為主人的制度中，而巴薩紐與瓜添諾都像是願意拋棄自己的太太之間的關係，來拯救安東尼這個男子（拯救自己所見的基督教社會，拯救自己對法律、社會地位、宗教保護的信仰），在此將巴薩紐與安東尼之愛，解析為對自己身為高等基督徒社會高等地位男子之愛，自戀之愛，卻是由一個女

子拯救整天無所作爲在制度下作繭自縛的男人。相信這有一種可怕的挫折，但好在那女子是男扮女裝。

（slide 9：用戲劇收納了可怕）

這等險惡的風波，被以戲謔方式，好在是以戲謔方式，猶如夢般可以被當作一場鬧劇，來演繹一場自戀創傷的拯救。波點法官，包沙哲法官，以法律手段解決此案，保存了法律社會的貞節不受侵犯，因爲最可怕的是法律社會制度，竟會被堅持復仇者的機巧所玩弄，而反過來變成傷人的工具（商人的工具）。

太太們與猶太人，其實都是這社會制度下較爲不利的一方，但雙方因立場不同的需要而必得相戰，太太爲自己與所要保護的先生用法律打贏了，維護了法律與宗教的保護效應。戲劇在讓觀衆看著，猶太人以企圖傷害的挑戰方式，最後仍是被擊敗的，而像那太太，在仁慈、宗教、社會制度下，極盡所能的爲先生和信仰而戰，而得到勝利。不得不說有點教育的意味，就像是試圖收納異議分子的反動。

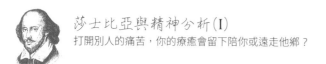
（slide 10：自我的馴服）

或者，在這劇中，將夏洛看作是被現實壓迫，而被迫守著象徵易受傷害的自我（易被奪走的財富）而帶著恨意的自我，將藍四羅看作是祈求溫飽的自我，巴薩紐與安東尼，則像是信奉基督代表順應現實原則的自我，愛著波點而去追求自我理想的巴薩紐，與愛著巴薩紐而爲愛犧牲便是理想自我的安東尼。這劇中人物的互相擠壓，若看成是自我的互相敵對，是在上演人類自我在生存中的失落。

或許戲中暗地演出著，人的自我演變的過程，訓話，或馴化的過程，人如何習得服侍自我慾望與現實原則的過程。若要堅持復仇的願望，最終則會有被摧毀的恐懼，還是要隱忍先生的不專一而讓自身成爲社會其中一部分而設法得到補償，在這個教化下，於是揶揄性地誕生了要爲自己利益，打算透徹的一斤也不多不少的威尼斯商人。

（slide 11：如何能安穩地看見）

演戲帶來置換的效果，讓內心的事物可以再次活起來，暫時脫下部分的威脅感，改變了威脅存在於心中的巨大位

置，讓盲目感可以見光。但是，看見的需要是否就等同於看見的好處，或說是見光死的人性？人有著趨光性的願望又有著畏光性的害怕，故若「看見」會引起太焦慮的自我認同危機，便有藝術化或是其他方式的修飾的需要。

病人來治療，如果有一個病好了的喜劇結果，是指那深仇大怨得以回報，還是透過置換到某些作爲戲碼與安慰的情節屏幕之上（SCREEN EFFECT）？在定罪犯罪的盲目感下，現實與願望交迫的身不由己中，或許多數時人性更傾向於較爲容易的妥協。然而，喜劇的收納有時讓人仍然有著在不由自主的套路中的感覺，而依然傾向去尋找想看另一種結局所欲表達的遺憾。

（slide 12：幽默，哀怨與遺憾）

第二場，藍四羅與葛寶的逗趣丑角呈現一種好笑與可悲，一種市井小民的面貌。父子見面不相識的盲目，一種反襯的嘲諷展現出在人間的滄桑之下身而爲人的渺小。那企圖轉投巴薩紐的藍四羅，是否也像是描寫我們心中的自我，總是有一股找尋更好的機會的力量，有如周旋於服務著現實原則、superego、id之間的ego，要站在哪一邊才是的悲哀與

不解，也是拋下原有自己所在的遺憾。

　　有一句有點幽默意思的話語，「老爸，我要是繼續伺候那猶太人，我就是個猶太人」這意似是咒罵自己對待自己一毛不拔，也是透過咒罵自己，來咒罵對方有多麼可恨的意思。那個賤人，我犯賤才會跟著他。這種自嘲，卻也又更加彰顯攻擊但又不敢攻擊的心聲，讓人感受到隱藏在心中那攻擊的力道的厚重。幽默在此說出而更加強了那在現實原則下或superego監視下，不敢表達的哀怨心聲。

（slide 13：幽默的功能）

　　引發幽默感的，是危機與威脅的能量，其能量似乎透過心智裝置的轉化，其目的不是要發笑，是使用笑的可能來替換能量？

　　這是幽默戲劇的好處，或說丑角的好處，能安全地用誇張或露骨的言語，言說人性中某些不可輕易承認的願望，比如：戲謔他人（老爸）、轉投主子等，而讓人一笑置之說，瞧瞧他那可笑而不高尚的想法：他做夢呢。這是白日可見的夢的一種嗎？以夢思的材料寫入戲劇的丑角，或說丑角扮演的，是否就像是夢中那可笑而誇張的場景氛圍。

（slide 14：變裝與折射）

波點於判案完之後，藉由變裝之便，跟巴薩紐索要戒指，並巧妙地說，您如果是真心誠意便不會拒絕我，在此造成兩難局面，現在波點解決了法律的契約，開始研究在感情的契約之上，表面上或許是開開玩笑讓先生窘迫，但藉此看見先生的真心，將自己身為太太的重要，與解救安東尼的重要，擺上巴薩紐的秤子，要如何割下一磅肉，不多不少，不會傾斜則是難事。

波點再一次出題，比之前更逼近巴薩紐的內心，她藉由假髮之便，說出了在原來位置無法說出的要求，而也可以哈哈笑後脫下假髮，並藉由這次看見原來無法看見的事物，擴大了視野。要如何處理感情，戲劇中並沒有交代，但波點所擁有的視野已經不同。或許不必再像選匣子一翻兩瞪眼，受困於盲目而分裂。

（slide 15：反差的安全）

佛洛伊德論幽默，提到這是超我的一種功能，超我在我的想像之中的許多化身，可以是 位掌管價值而控制買進

賣出行為的商人，或一位完美主義而會攻擊另一半的伴侶，或一位擔心不已而嚴格對待孩子的母親。幽默感，像是商人的妙語，或伴侶的包容，或母親學會了慈悲。在這些想像之中，所見之物出現了反差。

反差是當我們說著世界要崩塌了卻能哈哈笑時，這提供了一種安全感的在場。令人好奇的是，這安全感的失去或不在，是甚麼呢？是不是猶如母親不在場時，孩子玩了種遊戲，在投入這遊戲（玩笑）之中後，可以渾然忘我（忘了我的被威脅感），製造出一種母親不在場但不影響的安全感。

（slide 16：逆轉、逃脫）

一種逆轉勝，從弱小的被打垮的一方，帶領自己到了感覺強大而不必害怕的一方。母親的不在場，是一種無法自我控制的威脅，但能夠自己發明一種方式來逆轉，由自我掌握局勢的心理狀態，彷如提供了母親不在場也不要緊，甚或是，自己超越了母親，擁有了母親存在時所給予的視野，擁有了給予自己不同於原先的視野，逃脫了自己原本的困境。

（slide 17：捕捉）

　　逃脫的願望，若從捕捉的觀點來看，我們的看法，就像是一種捕捉光的方式，但這種看法，卻反而回過來捕捉住我們自己，就像被困在光的通道中。幽默或許躲開了這種被原本情境所捕捉的感受，在不同的視野混合中，從原先光照到視野的一翻兩瞪眼，這光像是進入幽默折射的通道而後散出不同的細緻之物，所見之物變得廣大。原先不能看的光是刺眼的，這刺眼引發了柔和濾鏡的需要，而後去看到光的彩虹樣貌，光裡的喜怒哀樂。

　　談捕捉，想到捉迷藏時一直躲起來卻沒被找到的痛苦，此時反而期待著被找到被捕捉的樂趣。但捉迷藏其中一點好玩的是，躲過被爸爸媽媽捕捉的樂趣。在被捕捉與重新布置之中，想像著看到的視野的不同，而有著樂趣讓遊戲進行下去。

　　為了不被捕捉，而需要演戲。波點演出法官，表面上是為了營救愛人，或更深一點的說是營救自己的婚姻，也像是同時運用機會扮演自己內在某部分的角色，滿足需要：在安東尼與巴薩紐的關係之中，得到操控的角色，或是一種找尋調整關係的機會。

（slide 18：幽默：調和內在的自我所看到的光，所發出的訊號）

　　診療室中，病人滔滔不絕地在焦慮中，陳述自己與老婆爭吵的事，自己幾度都覺得，快要很想要拿什麼東西來打老婆算了，醫師聽了幽幽地說： 那這個三角鎚子借你用。雙方啞然失笑，攻擊的威脅感在這個玩笑話之中被觸及了，而那不可能成為凶器的玩具槌子，幫忙將攻擊的願望散開成為一種好玩的遊戲，這道攻擊的光的背後有某種無奈被因此看見，病人也有機會從原本被光困住的角色中脫身出來，感受自己其他的視野。

　　病人笑著說，「阿我就是又和我老公吵架了」，這個苦笑是甚麼意思呢，不好哭，但又要有表情，笑的發生是代替哭的存在。幽默的發生，可以維持某種自我存在不被其他自我所完全逐出。就像黑色喜劇的本身，能守護讓悲哀可以存在，不至於被自體所排斥而丟出可見範圍外，是悲劇的新視野方式。

（slide 19：在世界的崩塌中，調和而重整）

黑色喜劇的力量，是用混雜殺傷與無力的悲哀，演出成視野上一種無傷大雅的遊戲，它的功能是雙重視角（biocular view）的混和。這類似於一個孩童般的惡作劇的顛覆效果，孩子像是想說大人不要那麼緊張輕鬆點，這訊息被大人接收。在大人視野中增加了孩子看事情般的視野，而同時看見內在的大人與小孩共同面對哀傷的場景，讓這原本分裂的狀態被放在同一個戲幕上整合。

幽默誕生在企圖整合的過程，像孩子不能出去玩的時候，將遊戲元素放進了現實中，假裝這是遊戲，製造樂趣，於是產生遊戲進入內心裡實現的能力。幽默，像是在說來一起玩吧，在那光線的互相紛呈之中，在盲目的路程中，無法直線性的取得答案中，幽默以曲線與揉合，像是自製的搖籃曲，而後重新用新視野來找尋創造新事物的可能。

（slide 20：光影的魔術師）

或許與戲劇扮演內心有相似之處，治療者所扮演的，也如同鏡子般的橋樑，在受治療者的願望的光影之中穿梭，在

可見與不可見的光影之中，體會自我的眾多的角色的重量，而鏡映出這許多有關害怕、威脅、無所倚靠的處境，而在那之中必然有些想被看見但不知如何是好的需要。尋找更多的被隱藏的自己，這或許是人生的幸福之一，當被光照到而想起曾經所不被看見甚至畏光的部分，而能與其牽著手向前看，仍是一件很有誘惑力的事，或者說是感到幸福的理由。

【講員介紹】
劉又銘
精神科專科醫師
台中佑芯身心診所負責人
臺灣精神分析學會推薦精神分析取向心理治療師
精神分析臺中慢讀學校講師
聯絡方式：alancecil.tw@yahoo.com.tw

十、
語言無法抵達的原始地帶：幽默態度涵容了
多少沒有名字的恩怨情仇？

蔡榮裕

波點（富有的義大利貴婦）：金玉良言，說得好。

尼麗莎（波點的女伴）：要能照著去做就更好了。

波點：要是做的跟說的一樣容易，禮拜堂早成了大教會，茅
　　　草屋也成了金鑾殿。好牧師才能言行一致；要我教導
　　　20個人容易，要我跟他們一樣奉行我自己的教導反而
　　　困難。頭腦為肉身制定律法，可是火熱的性子哪顧得
　　　冷酷的條文——狂熱的青年是那兔子，一跳跳過忠言
　　　瘸子的網羅。

——莎士比亞《威尼斯商人》第一場第二景

（以下的相關引文都來自彭鏡禧教授，《國科會經典譯
注計劃》的翻譯版本，聯經出版社出版。）

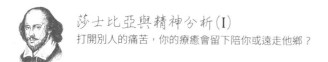
前言

　　從《威尼斯商人》夏洛，身爲猶太人的悲哀和失落來談這部戲。失落在心理發展史是有著長遠的路程了，從原始的嬰孩和乳房關係的失落，這是屬於「嬰孩式的精神病」（infantile psychosis），破碎的部分客體（part-object）的經驗。和稍晚的伊底帕斯情結的完整父母客體（whole object）爲對象，以及所衍生的「嬰孩式精神官能症」（infantile neurosis）。兩者是屬於不同層次的心理經驗，面對這些「嬰孩式精神病」者時，治療師如溫尼科特（Winnicott）所說的「反移情的恨意」（Hate in the Counter-transference），這種經驗是需要被注意的，而面對這種潛在恨意時，除了中立的態度和分析的態度外，佛洛伊德（1928）在《論幽默》裡提出來的幽默的態度，以及幽默能力如何製造錯覺（illusion）的能力，尤其是在悲哀的人生戲碼裡，人如何有活下去的喜劇？

　　1. 莎士比亞的環球劇場（Globe Theatre）有著拉丁文銘言，譯成英文是All the world's a stage，世界是個劇場，歡迎大家來到薩所羅蘭，是個世界，也是個

劇場。

2.我們藉由和《威尼斯商人》的故事，來相互衍伸並談
　論故事時，想像有著言語無法抵達的地方。這是什麼
　意思呢？一般主張這是清楚的劇情，商人的好利和故
　意報復而產生的故事，不過如朋友們在這系列文章裡
　陳述的，我們從夏洛身為猶太人，他的失落和悲哀出
　發。

3.至於失落，有著源遠流長的歷史，從嬰孩和乳房
　間的失落（乳房做為「部分客體」代表母親）和
　infantile psychosis（「嬰孩式精神病」不必然
　是「嬰孩的」）的關係，以及較晚期的失落和
　infantile neurosis（「嬰孩式精神官能症」不必然
　是「嬰孩的」）的關係，infantile neurosis是假設
　在「完整客體」父母的經驗下，和佛洛伊德提出的伊
　底帕斯情結的關聯；而infantile psychosis是針對原
　始性、部分客體、不是完整客體等失落創傷經驗。

4.另假設源自原始性（primary），如對精神病的「反

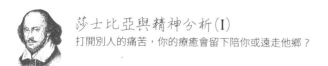

移情的恨意」（不是那些明顯意識的恨意而已，而是內心裡九轉十八彎不被自覺的恨意。），不被這種深沈恨意淹沒，才可能接著有幽默的態度。我嘗試說明這個假設，希望有助於我們進一步想像，喜劇裡的幽默所存在的深度心理學想像。

（「嬰孩式精神病」和「嬰孩式精神官能症」的切分線，嬰孩式精神病的症狀是無法以現實感來了解，或是不合現實的，常以不可思議的方式呈現，以目前常被論及的自戀型人格或邊緣型人格，其實從深度心理學來說，都是屬於這範圍。這也是何以困難只靠理智說明，就可以了解和改變問題，雖然這麼說可能招來被批評，是否在污名化？雖然這是理論上的思考，而精神官能症則是現實上可以理解的範圍內，只是臨床也早知，不是知道可能的潛在原因就會改善。）

幽默經由超我的代理者對喜劇做出貢獻

撒拉瑞諾（威尼斯仕坤，巴薩紐同伴）：
怎麼，如果他付不出錢，我想你也不至於要他的肉吧。他的

肉有什麼用呢？

夏洛（猶太富翁，潔西卡的父親）：

用來釣魚啊；就算不能用來餵別的，也可以餵餵我的仇恨。他曾經羞辱我，擋了我的財路不知有多少，嘲笑我的損失，譏諷我的獲利，鄙視我的民族，阻撓我的生意，離間我的朋友，激怒我的敵人——而他的理由是什麼呢？我是個猶太人。猶太人就沒有眼睛嗎？猶太人就沒有雙手、沒有五臟、沒有身體、沒有感覺、沒有慾念、沒有情感嗎？（第三場第一景）

佛洛伊德認為「幽默」與「詼諧」（jokes）有類似的地方。「關於詼諧的起源，我是傾向假設，前意識的想法（preconscious thought）在剎那間，變成潛意識的修正版。詼諧是潛意識對喜劇所做出的貢獻；同樣的方式，幽默則是經由超我的代理者對喜劇做出貢獻。……不過，幽默的愉悅強度無法像喜劇或詼諧所能達到的那麼強烈。在幽默態度裡，超我的確拒絕了現實，並提供了一種錯覺（illusion）。」（呂思姍中譯，出自Freud, S., Humour, 頁165-166，1927，英文標準版第21冊。）

何以有些喜劇能夠讓人有更新的感覺？也許這是錯覺，

但是走出劇場時，的確常有股莫名的力量，這是什麼呢？佛洛伊德在《論幽默》裡提到，幽默的態度是父母需要的能耐，是一種親職（parenting）的功能，那是意味著父母有能力製造錯覺，讓能力仍有限的嬰孩不被現實淹沒，在破碎受挫的日子裡，可以活下去並保有持續希望的能力。那需要父母有幽默的態度做基礎，面對人生無法預知未來的困局。

溫尼科特（Winnicott）接續這種錯覺的論點，主張父母不是過早地要讓嬰孩面對現實，來造成心理侵入效應，助長嬰孩在能力有限時被迫需要防衛而有「假我」的增長，來面對種種足以淹沒嬰孩心理的困局。對佛洛伊德來說，自我（ego）是奴僕，有三位嚴厲的主人，而外在環境就是主人之一，父母和治療師都是嬰孩或個案的外在環境因子。

不然，人如何相信自己所做的是有意義的，而且能夠有活生生的感受，這是從內在心理而來的感受，不是只來自外在的現實成就？甚至覺得自己活得有意義和being alive？溫尼科特認為不只是欲望的滿足，尋找意義才是生命的重點。至於人生和戲劇，是需要在錯覺裡衍生新的創意，讓古老的故事有新的創意，不然古老故事如果缺乏新的創意，它可能會活得不如死去，寧願讓自己在倉庫裡被灰塵掩蓋，如塵歸塵，土歸土。

因爲，這裡是生命。在失落抑鬱後爲了活下去的生命在活動，「躁症防衛這個術語意圖涵蓋一個人否認憂鬱焦慮（情感發展不可或缺）的能力，這個焦慮取決於個體感受罪疚，以及承認對本能經驗及其相伴之攻擊幻想之責任的能力。……我們應該可以將全能操弄、控制、對常態的貶抑等的減輕連到常態，連到每個人在日常生活都以某種程度運用的躁症防衛。例如，我們在音樂廳裡，舞者上了台，訓練有素，很有活力。我們可以說這裡是原初場景，這裡是暴露狂，這裡是肛門控制，這裡是對紀律的自虐式臣服，這裡是對超我的抵抗。遲早我們可以加上：這裡是生命。難道表演的重點不是對死亡的否認嗎？不是對憂鬱的『內在死亡』意念的防衛嗎？而性之內涵的賦予是在這之後才發生的。」（周仁宇譯，取自Winnicott, D.W. (1935) The Manic Defense.）

文明的首要條件是正義：

從這引文來往前推論，溫尼科特要談論的，不只是外在環境，例如猶太人的處境，他們被貼上標籤的遭遇，在人類文明史上是不可思議的，涉及了很原始的人性，人和人之間根深蒂固，不可思議的固著想法，彷彿人有妄想般固著的精

219

神病的部分。如果不是只從外在因子來看，而是邀請內在心理因子，來到舞台上說它自己的故事會如何呢？涉及了「原始」的感受和想法，它們找得到話來說嗎？佛洛伊德常以「原始」或「原始人」，來表達他對生命早年情境的觀點，尤其是二三歲伊底帕斯情結之前，只是相對他並未深入探索這種原始的心理領域，也許他當時覺得有夠深入了，不過回頭來看是不足的。一如他在《克制、症狀與焦慮》（1926）的附錄裡，標題「焦慮、苦痛、哀悼」（Anxiety, Pain, Mourning）的短文裡，提到精神分析對於「失落」和「苦痛」的研究是有限的，這句話離1900年《夢的解析》開張精神分析已經過了26年。

那麼猶太人和非猶太人之間，相互看待時，各自有多麼「原始」呢？相對於「原始」，我們說有文明，那麼「最後一個文明的特徵是人與人之間的社會關係的調節方式，包括做為一個鄰人、幫助者、他人的性客體、家庭或國家的成員。社會關係是受調節的，這個調節的嘗試就是文明的進程。如果沒有此種嘗試，最強壯的人就會決定一切。當許多人聯合起來力量強過任何個人，並足以對付任何個人時，社群因而形成，並以『權利』（right）來對付『蠻力』，文明就此開展。……文明的首要條件是『正義』——不因人而

異的法律。此法律不再代表任何特殊小團體，而是適用於共同體內的每個成員，藉由犧牲自己的本能使大眾免於蠻力的擺佈。」（呂思姍中譯，出自Freud, S., Civilization and its Discontents, 頁 95，1930，英文標準版第21冊。）

（在法庭上）

波點：確實如此。這裡可有個秤來秤肉的重量？

夏洛：我已經準備好了。

波點：夏洛，您出錢，找個外科醫師來，替他療傷，免得他因流血而死。

夏洛：契約書上可有提到這一點？

波點：是沒有這樣明講，但有什麼關係？
　　　您這樣子行善事也是好的。

夏洛：我找不到，沒有寫在契約上面。

（第四場第一景）

　　還有，「如果文明要求人們犧牲性慾，又要犧牲攻擊性，難怪人類難以在文明中感到幸福。文明人已經把一部分的快樂交換為安全。實際上，原始人的境況好些，因為對本能無所限制。不過，在原始家庭裡，只有一家之主享有本

能的自由，其餘的成員則處於奴役的壓抑。……至於當代的原始部族，根據研究其本能生活未必享有自由，反而受到另一種可能比文明人更嚴格的限制。」（呂思姍中譯，出自Freud, S., Civilization and its Discontents, 頁114-115，1930，英文標準版第21冊。）

這些流傳愈深遠長久的戲劇或小說，是有著它們對於心理深層的召喚，或者說有著原始的呼喚，相對於「文明」，所謂原始的呼喚，是更貼近原始悸動的情感和感動，而不是後來知覺的意識理念。我嘗試以「精神官能症」和「精神病」的概念，來對比描述這些深層感動的「原始性」的意涵，以及回到臨床過程來推想，《威尼斯商人》有著什麼讓我們用來幫忙說明，臨床情境裡某些深刻卻無法一句話說清楚，而需要有著一部戲的整體感受，才能說明的心理情境？

我是主張夏洛有著文明的能力，因此才有借貸關係和契約的出現，但是其中埋伏的錯覺，卻是舖陳著後來現實上，在法庭上辯論失敗的原因。如果夏洛的計畫果真成功，其他人無法以幽默方式回報，而造成夏洛的成功，這種原始性的滿足反而是一場災難，反而變成真的不合情理的結局。因此從群體做為一體來說，其他人的智慧和回應，所帶來的結局也許可以如一般理解，是邪不勝正，不過這是過於簡化的觀

點，如果以群體來看，後來的機智和幽默得以發揮作用（例如法官的宣判），仍得有當時周遭脈絡裡，內外在心理因子的相互搭配，相互邀請，才有可能讓這種言語和幽默得以出現效果。

錯覺的成功和失敗

（在法庭上）

安東尼：我打從心底請求庭上做出判決。

波點：好吧，就這麼辦；
　　　您必須準備敞開胸脯挨他的刀。

夏洛：啊尊貴的法官，啊青年才俊！

波點：因為法律的意涵和精神跟這張契約書上面所記載違約當受的處罰完全符合。

夏洛：對極了。啊智慧而正直的法官，你看起來年輕，卻那麼的老練！

波點：因此您要袒開胸膛。

夏洛：對，他的胸脯。
　　　契約這麼寫的，對吧，尊貴的法官？
　　　「緊貼他心臟」：一個字都不差。

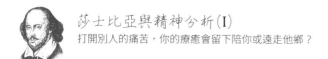

（第四場第一景）

　　其中所涉及的，起初商人夏洛對於錯覺在未來的想像，錯覺的成功和失敗是相互交織的，甚至是相互邀請的過程。這讓這部喜劇得以成形，且高潮起伏，如喜劇的重要理由，而幽默做為一種能力和動力，如同佛洛伊德在《論幽默》裡表示的，是需要錯覺來讓太困難的內外在的受苦，得以被隔絕，不被淹沒而過度絕望，並繼續活下去的重要能力，溫尼科特常把一些情感當做是能力，例如孤獨的能力、關懷或成全他人的能力，以及幽默的能力，這些都不是很容易就擁有的能力。

　　何以看戲會有某種常說的「療癒感」？但這種療癒感，離實質解決原本的困局是有些不同，因為要改變生命早年的創傷經驗，尤其是失落創傷，在當年創傷後如同心碎了的自我破碎感，是需要更多能力的培養，才有可能讓後來獲得的洞識，能夠有內心的機制，來幫忙那些新獲得的洞識可以發揮出功能。不然可能就像這種戲碼，有如一匹很不錯品質的絲料，站在一台功能殘缺的機器旁，仍不足以完成一塊美麗的衣服。如同莎士比亞在《理查四世》裡，國王理查四世生下來就肢殘不全，以及他內心未被處理的強烈恨意，使

得後來所吸納進去的東西，不論好壞，都是在培養他的活生生恨意和執行方式。佛洛伊德也曾在文章Psychopathetic Characters on the Stage裡，描繪過《理查四世》，邱錦榮教授也曾在Freud on Shakespeare: An Approach to Psychopathetic Characters（Chang Gung Journal of Humanities and Social Sciences 5:1 (April 2012), 33-56）探索過這議題。

關於生命的殘缺、失落、心碎和症狀，「後送兒童的 作與成 的分析形成對比。個案越嚴重，建 對環境的信 越重要。……後送過程裡有著許多孩 無法理解之事，需要使 庫存裡的症狀來 對。症狀代表孩 對環境還有點信 ， 沒症狀的孩 經常是處在更深的絕望裡。」（周仁宇譯，取 D. W. Winnicott and C. Britton (1944) The Problem of Homeless Children.）以溫尼科特這論點來說，前述假設夏洛和其他人，儘管是處於不同的失落經驗裡，以民族離散飄零各地的方式存在著，那些嚴重的無能為力和絕望，幾乎已轉型成各式的成功模式。只是這些成功裡，如果有著離散失落的強烈影子，主人要走下去，就得克服很多的迷障和謎題，而這些都不是任何個人可以回答：何以會有這樣的處境？但總得再活下去，因此先創造一些簡便的答案，做為人

生路途的依靠。

幽默是對現實的背叛

　　以《威尼斯商人》來說，試想在不同的情境脈絡下，如果群體之間是更原始的，互不信任的，那麼那些言語的辯論和思考，是不可能發揮作用的。在劇中，是以律法下的辯論，來傳遞不同見解和搭建幽默的舞台，其實整個過程是生機活現的，因此不是只以兩方的誰勝誰輸，來看這部戲裡的意涵。而是主張這場喜劇得以發生，是對於錯覺（illusion）的未來，有著不同想像所帶來的結果，起先是以借錢契約裡的恨意做起點（也是文明約定的一部分），有著錯覺式對於未來成功的想像，不過這種心理的相信，卻是後續交流可以發生的重要基礎。

夏洛：最有學問的法官！宣判了：來，預備好。

波點：且慢，還有別的話要說。

　　　　這張契約卻沒有說給你一滴血。

　　　　白紙黑字明明寫的是「一磅肉」

　　　　照契約來吧，你就拿走那磅肉，

　　　　　　但是割肉的時候，如果你灑了
　　　　　　一滴基督徒的血，你的土地和家當
　　　　　　根據威尼斯的法律都要被沒收，
　　　　　　交給威尼斯充公。
瓜添諾：啊正直的法官！
　　　　　聽好了，猶太人——啊博學的法官！
夏洛：這是法律嗎？
（第四場第一景）

　　「這是法律嗎？」不然，這是什麼呢？在如此血腥和原始裡，怎還有可能變得如此荒謬好笑？佛洛伊德談論幽默（humor）的態度時，表示這是「超我」運作的成果，超我一邊否認（disavowal）現實，而且提供了對現實的錯覺（illusion）。他也提及，幽默是對現實的背叛，讓自己可以戰勝現實的受苦，並且因此而有了會心一笑的愉悅。相對於他在論述說笑話（jokes）和詼諧（comic）時，認為是「自我」的運作，雖然帶有比幽默更強烈歡笑的性質，但笑話在本質上具有攻擊的意含，而幽默則是來自雙親特質遺留的能力，提供了對自我的撫慰功能，讓自我不致於被創傷經驗所打敗而太受苦。

　　我甚至懷疑，夏洛真心的想要這契約成真，結果反而變成現實上真的災難。我的假設是，如果一個人果真是如此惡意，期待這種結局，而且只想要貫徹到底，那麼是不會有這些文明的過程和態度。這不是以狡滑的態度可以遮掩的惡意，也就是如果夏洛果真要有這種惡意成真的災難，我相信其他人不會冒這種風險，雖然有可能是假定自己一定可以還得了錢而敢簽約。不過從劇本的惡形來看是不致如此，因此似乎是有著群體潛在的相信，那些惡意可能會侷限在某種現實合理的範圍裡，這也是「精神官能症層次」的主題，而不是前述的如嬰孩式的精神病般，也是這場法庭的辯論，得以有這種現實上可以理解的結局，所需要的重要心理基礎，只是借由法官角色的公爵口中來說出，尤其是以律法的辯論做基礎，這更意味著是更以現實層次或是精神官能症層次做基礎。

幽默是不服從的，是反叛的

（對著辯論已落敗的夏洛）

瓜添諾：求他准許你自己上吊吧——

　　　　可是，你的財產已經要充公，

> 　　你連買一根繩子的錢都沒有；
>
> 　　那也只好花公家的錢把你吊死。
>
> 公爵：為了讓你明白我們的精神不同，
>
> 　　我不等你哀求就饒了你的命。
>
> 　　至於你的財產，一半歸給安東尼；
>
> 　　另外一半納入公庫裡，假如
>
> 　　你恭敬服從，或可減為罰款。
>
> （第四場第一景）

　　如前面的演講，我們討論威尼斯商人這部戲的方向，會和一般的方向有些不同，不是以成功一方的勝利來說，而是會以失敗者猶太商人夏洛，做為猶太人被忽略輕視和貶抑為方向，談論這種失落的影響和臨床經驗接合，也定位這是一個文明和幽默的戲劇，屬於接近精神官能症層次。不過這是說戲如此，以這戲來幫忙我們定位，臨床上在精神官能症層次的文明化和幽默態度的現象。尤其是我們想提出的，以佛洛伊德的《論幽默》為基礎，來談診療室裡強調的中立態度或分析態度外，幽默態度需要有什麼樣的位置？

　　「幽默如同笑話和喜劇釋放出什麼，但比它們多了雄偉（grandeur）和提升（elevation）。雄偉是源於自戀的勝利，

自我拒絕被外在現實所傷害。如：星期一某個死刑犯將上絞刑台，他說：『嗯，此週的開端還不錯』。自我將創傷當作獲得樂趣的機會。……幽默是不服從的，是反叛的。幽默代表的是自我與快樂原則的勝利，以對抗現實的不友善。」（呂思姍中譯，出自Freud, S., Humour, 頁162-163，1927，英文標準版第21冊。）

不過我主張，值得注意《論幽默》，文中所提到的「幽默的狀態」，是否值得和「中立的態度」或「分析的態度」，並行地被在意嗎？尤其是當我們運用精神分析於外在現實的對話時，這些對象並非我們診療室裡的個案，如果仍以中立的態度和分析的態度，好像把對方當作我們的個案，但其實他們並不是。此佛洛伊德所談論的幽默態度，是否是值得再細思，做為在診療室的運用時值得更被強調的態度嗎？

這需要有其它的想像，畢竟談論「自戀」時，我們需要了解的是，自戀不是精神官能症層次，而是屬於更深層的「嬰孩式精神病」（infantile psychosis）的範圍，因此如何在被拋棄後，內心是如戲中的眾多人物各有角色，他們對於被拋棄者的不同態度，如同內心世界裡光譜般人性的可能性，以及處理恨意的方式，不是只著重在愛，而是讓我們思

索，幽默在臨床上的意涵。

夏洛的恨意，比喻人的恨意的養成和化解之道，恨意如何狡滑地存在，和發揮作用，恨是輸在愛嗎？或是輸在幽默呢？它只對幽默低頭，因為法庭上，並不是以愛來化解他的恨意。被岐視的內在世界如何持續活下去？並以恨的姿態存在，不是以文明的概念或愛再壓迫它，而是以幽默來化解恨意的展現。雖恨，在技術上值得思索的是處理恨的方式，尤其是根深的恨意，不是以愛和文明來取代，而是需要幽默來化解嗎？恨意是能夠被取代的嗎？或以恨意被化解後是什麼樣貌呢？

infantile psychosis和infantile wishes

我先說明一下，我們如何來理解和想像，infantile psychosis是什麼？我建議可以運用infantile psychosis和infantile wishes（嬰孩式的期待）來對比。佛洛伊德在《夢的解析》裡提出的，「隱夢」（latent dream）經由「夢工作」（dream work，主要包括displacement, condensation兩種心理機制）而形成「顯夢」（manifest dream），出現在一般所說的「我有一個夢」的夢裡。至於

什麼是隱夢？佛洛伊德主張，是有著先天存在的infantile wishes，它做為夢的主要動機。它時時刻刻想要表達自己，只是它太過於原始而在旁一直有著監督者（後來在《原我與自我》（The Ego and the Id, 1923）裡以「超我」來做為它最終的名字），將最原始的「嬰孩式的期待」，加上「取代」或「濃縮」的夢工作成為顯夢的內容。我主張infantile psychosis和infantile wishes，是處於幾乎平行或者兩者有相互交錯的存在。

如果臨床的焦點是在精神病層次的內容時，如何從《夢的解析》的經驗，來看我們處理infantile psychosis的課題呢？一如一個夢不會是某個詮釋就宣稱被了解了，一個夢或一個詮釋無法解說清楚內在infantile wishes。百年來，臨床家已了解這種經驗了，但是如何從《夢的解析》裡infantile wishes的經驗，來談論infantile psychosis是個豐富可能性的所在。

佛洛伊德在建構他的理論過程，是可見以夢和症狀（尤其是精神官能症或infantile neurosis）之間的相互對比、相互說明，來光輝對方。我主張infantile wishes更近的親屬是infantile psychosis，雖然佛洛伊德當年是圍繞著infantile neurosis，未深入探索infantile psychosis

的主題。他的文章裡曾說過的，有關primary, primitive, primal sence和原始人和自戀等用語，都是在說明著 infantile psychosis的領域。

「『考驗下的客觀的恨』……分析師的恨一般是潛伏的，並且很容易維持潛伏。但在精神病的分析時，分析師的恨要維持潛伏比較艱難，只有透徹覺察到恨才能做到。在此我要補充說，在某些分析的特定階段中，病人其實是在尋求分析師的恨，他需要客觀的那種恨。若病患尋求客觀或有道理的恨，他必須要能找到它，否則他無法感覺到他可以找到客觀的愛。……

我相信在精神病的分析，以及一般分析的最後階段（即使是個正常人），分析師必定會發現自己在和新生兒母親相稱的位置裡。比起胚胎或新生兒同情母親的能力，深度退行時，病人更無法認同分析師，或理解分析師的觀點。」（周仁宇譯，取自Winnicott, D.W. (1949) Hate in the Counter-Transference.）

在幽默裡，超我對驚恐的自我說出安撫仁慈的話語

「玩笑並非幽默的核心，重要的是幽默的意圖：此危險

233

的世界只不過是孩童的遊戲——值得對其開開玩笑。……在幽默裡，超我對驚恐的自我說出安撫仁慈的話語。……並非每個人都有幽默的能力，這是一種少見且珍貴的禮物。……如果超我試著以幽默的方式來安慰自我並保護其免於痛苦，這也不違反其做為雙親代理人之來源。」（呂思姍譯，出自Freud, S., Humour, 頁166，1927，英文標準版第21冊。）

我試著從佛洛伊德談論幽默的觀點，想像嬰孩在成長過程，失落創傷所帶來的心碎般破碎感。大部分人或多或少修復了這些破碎感，那麼幽默的能力，和推動它的超我，扮演什麼角色呢？尤其是超我的否認現實，並提供錯覺來安撫自我，也就是佛洛伊德把幽默的態度，當做是種能力，是源自雙親的超我的功能，提供照護嬰幼兒的方式，雖然超我也同時具有嚴厲的主人角色，驅迫自我替它服務。

在夏洛的女兒潔西可和愛人羅仁佐，藉著化妝舞會，拿著父親的錢財私奔（第二場第六景）。後來在第三場第一景裡，劇情交錯地呈現，跟夏洛借錢的安東尼的船可能在海上失事，而無法還得出錢的訊息時，讓夏洛精心設計的報復有了出口，出口只是出口，不是內心恩怨情仇的所在。內心裡複雜的「部分客體」——錢、金子、鑽石，如果被當做全部如同「完整客體」，同時在這場景裡，夏洛託人找尋自己女

兒潔西可，仍無下落的恨意，可以從這些話裡了解，這種恨不是只有對女兒這個人（完整客體），而是有著詛咒某種早年經驗在此刻被應驗的心情。有著其它生命早年更深遠、更碎瑣、甚至是難以了解、或不合現實的故事。

杜保（猶太人，夏洛的朋友）：我所到之處，常常聽人說起她，卻找不到她。

夏洛：哎呀你看，你看，你看看，不見了一顆鑽石，是我在法蘭克福花了兩千金幣買的！猶太人受到的詛咒，現在才真是應驗了；我現在才感受到了。光那顆就值兩千金幣，還有其他貴重的珠寶！我情願女兒死在我跟前，那些珠寶掛在她耳朵上；情願她的靈柩停在我跟前，那些金幣在她的棺材裡……還沒有找到，沒有報復，也沒有哪一件倒楣事不是落在我肩膀上，沒有哪一聲嘆息不是出自我的口，沒有哪一滴眼淚不是我在流！

　　我以這來說明「部分客體」在日常裡呈現的意義，金幣、鑽石、珠寶、部分客體，卻有著完全的意義，決定生命的意義和價值，何以會如此發生呢？在心理上卻是常見的，

如同舉一反三那般，仔細想想，以意識的想法來說是不可思議，但卻是常見的生命實情。「部分客體」如同以偏概全般，卻擁有了全部的意義，而人整個人卻因此成為只是部分的，不是完整的客體，不是完整的自己。理論上愈是如此以「部分客體」來代表完整的自己，一個「完整客體」，一如只把自己當做陽具（或只是某種聲名成就的名器），或只是找著陽具（陽具欽羨），或者找著乳房來撫慰內心。那麼整個人「完整客體是哪去了呢？」何以只是被當做是故事的投射對象，但是只要多聽一下故事就可以感受到，他另有所要的是那些難以完整完全說清楚的零碎經驗。

　　這影響著什麼是「應驗」了。這是神奇卻日常都有的感受，我們常在某些個案的故事裡感受到，他執意要做的事，勢必會有後續的後果出現，這是我們的觀察和假設，但個案可能覺得後來的結果，不是他一系列所做的事造成的，只是覺得那是某種詛咒，或是某種無法阻擋的不幸，就是容易落在他頭上。我們的想法和他的想法之間落差不少，不過這常是難以說服的，我們所觀察的「因」和「果」之間不是暢通的馬路，無法輕易回頭一眼就看見了先前的「因」，帶來目前這樣子的「果」。

錯覺有它的未來嗎？

因此在前因和後果之間曲折、失憶或破碎的記憶，以及心碎的感受，讓這條路不只曲折，而是碎石子舖滿了路般。如同夏洛心碎說著詛咒的話語，但是夏洛嘴裡吐出來的話，只是針對女兒嗎？他說的是猶太人受到的詛咒，這裡的「猶太人」在句型上來說是一個族群，雖然我們很難相信所有猶太人都是一樣的，但是這些概念何以存在？它可能化成微型散居各處的「部分特質」，如同猶太人散居各地，是由眾多細碎的故事和特質，所建構出來的對他們的心理感受和想像的「完整特質」。

如同以「完整客體」出發的伊底帕斯情結裡的父母，個案在說故事時，大多從「父」或「母」這個人的角度出發，但是只要貼近臨床來觀察，他們所談的父母是很片段，甚至是相互矛盾的枝枝節節，大都是以「部分特質」、「部分反應」、「部分現象」、「部分情感」來呈現。但是在述說時，那些部分都被當成「完整故事」，使得相互矛盾的部分之間，很難相互察覺有著矛盾，因此需要我們的想像。

假設是認識了心碎般的自己後，潛在的恨意才有機會被接觸，也才有幽默的可能，讓喜劇裡的幽默有了內在心理的

地盤，在過程裡蛻變成幽默的態度。重點是成爲「態度」，而不只是某種技巧，不過幽默的功用，在精神分析的論述並不多，可能由於強調中立態度和分析態度，而相對被忽略，或覺得那可能過於主動而帶來問題，雖然分析態度也可能在實踐時過度被動而變成如死亡般。

　　我試著從佛洛伊德談論幽默的觀點，想像嬰孩在成長過程，失落創傷所帶來的心碎般破碎感。大部分人是或多或少修復這些破碎感，那麼幽默的能力，和推動它的超我，扮演什麼角色呢？尤其是超我的否認現實，並提供錯覺來安撫自我，也就是佛洛伊德把幽默的態度，當做是種能力，是源自雙親的超我，提供照護嬰幼兒的方式，雖然超我也同時具有嚴厲的主人的角色，驅迫自我替它服務。

　　那麼錯覺有它的未來嗎？或者錯覺是常見且需要的，它甚至是文明發展的一部分，尤其是人在面對生老病死和愛恨情仇的糾纏，就算是預期下被誕生出來，仍是面對重要客體不可能完全滿足嬰孩的需求，加上有社會化和文明化的期待在任何成人的心頭，這些以直接、間接或顯明、隱微方式存在的期待，勢必和嬰孩的（本能）需求是違逆的，嬰孩如何活下來呢？

　　溫尼科特說的錯覺是需要的，他的錯覺說和佛洛伊德

的錯覺說，兩者之間的相關性是什麼？人是活在錯覺裡，例如明天會更好，但是真實是什麼？錯覺的另一面是，什麼是真實？錯覺本身，就是某種心理真實，尤其是佛洛伊德提出的，在生命早年的創傷裡，超我提供的錯覺來安慰受創嚴重的自我，讓自我仍可以走下去而不致於崩解。具有如父母親任務的撫慰是重要的，溫尼科特直接就表示，錯覺的必然存在，以及它的必要性，才不會在發展出承受能力之前，一下子就被殘酷的現實淹沒了。

以破碎的自己來述說自己

如果人生就是在錯覺裡出發，覺得有個完整的自己在活著餘生，而實情是創傷時的驚恐和失望，所帶來的心理效應，如同某種東西破碎後四散各地。這個比喻很重要，雖然我無法說只有這個比喻，值得用來形容早年受創傷者，在後來的人生裡，如何撿拾自己的破碎記憶，想要拼湊出自己的模樣。相對於建構完整恐龍的想像，個案以破碎的自己來述說自己的故事，是常呈現的說法和態度。

如果以人生的碎片，來比喻創傷後的心理處境，一如有人說他被某人拋棄後就心碎了，早年生命的創傷所引發的心

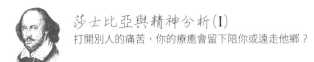

理碎片，可能有什麼特性呢？這些心理碎片可能就在它最後落地的所在，各自發展成自各兒的風景，如同一個家族在移民其它地方後，也如同猶太人整個民族四散了，在各自落腳的地方發展著他們的未來。

創傷的人生碎片，在各地發展後，如同個案後來述說著不同情境下的人生故事，例如與同學、朋友、老板等不同的人生故事，但是四散的心理碎片之間，已經忘記了它們當初一起時的處境，忘了當初是如何來的，也忘了當初完整的情況，使得個案在述說後來發生的某些故事時，我們從旁人來聽，會覺得故事的某些情況有雷同模式。

但對個案來說，卻是四散後的東西，各自成長了，卻互不相識。在治療早期，就算治療師想要讓個案看見，這些發生在不同人之間的故事，其實可能都有著相同的起源，有著類似的行為模式，但個案卻很難理解是什麼意思，因為他們會告訴我們，那些人事物之間的不同細節，也就是我們可能只看見重複處，那些乍看相同的內容，卻忽略了它們有著各自發展過程的不同背景脈絡了。

對我們來說，就是讓那些不同故事裡的人物，能夠相互對話，像讓他們相互認識，雖然只是心理想像上的做為，這是知道自己歷史的方式嗎？那些發生在不同地方的人事

物，是相互不認識，卻都是人生的部分。這種知識是什麼意思呢？是鄉愁嗎？涉及一般想像的，破碎人生是整合的問題嗎？要整合什麼，將不被記得的歷史事實記起來嗎？或者在個案的心理想像裡，原本發生在異時異地或彼時彼地的人事物，能夠湊合在個案此時此地的心中相互對話，相互了解？不然，我們所說的整合是指做什麼呢？讓什麼相互整合？

歇斯底里是否足以代表soul或靈魂？

（在確定安東尼做擔保的船，撞上大石而淹沒，以致還不出錢時，夏洛上了法庭，要求執行契約上，要割一斤肉做為還債。）

巴薩紐：你這樣磨刀霍霍是幹嘛呀？

夏洛：好從那破產的傢伙身上割肉啊。

瓜添諾：殘忍的猶太人，磨你刀子的不是鞋底，

　　　　而是你的歇斯底里。沒有任何鐵器，不錯，

　　　　連劊子手的斧頭都不及你的狠毒心腸

　　　　一半的鋒利。你對百般懇求都無動於衷嗎？

夏洛：沒錯，就憑你的本事絕對辦不到。

（第四場第一景）

譯者彭教授特別在「而是你的歇斯底里」寫了註記，表示這句話的原文是Not on thy sole, but on the soul, harsh Jew，譯文以「歇斯底里」來代理soul，這是一個有趣的詮釋。雖然歇斯底里是否足以代表soul或靈魂，這是一個詮釋上要以「部分」問題（症狀），來代表靈魂「整體」的策略，如果從我前述的論點，這並不全是和伊底帕斯情結裡，以孩童與父母「完整客體」有關的歇斯底里（精神官能症的一種，或者是某種infantile neurosis的延伸）。雖然這是佛洛伊德的古典理論的焦點，是以「完整客體」做為對象，不過一如譯者以「部分現象」的症狀如歇斯底里，來做完整靈魂的代理者，兩者之間的落差將帶來什麼影響呢？

　　從臨床焦點來說，我們可以說沒有純粹的精神官能症，有的是精神官能症和各式人格類型的混合。這些人格類型可能是自戀型或邊緣型等，因為帶來困擾的不是歇斯底里症狀本身，而是那些潛在的人格類型，衍生出來的對待自己和他人的方式。一如在戲中以某些性格和待人方式來代表猶太人，或者將猶太人類型化，來代表某種更大的人類行為和情感類型。一般來說，某些被類型化的人格類型，例如自戀型或邊緣型等，他們常用的心理防衛機制是比較原始性的，例如分裂機制（splitting）和否認機制（denial）等，而這些

就是infantile psychosis的心理基礎。

找不到名字來說明的心理地帶

瓜添諾：呵，只消再跟我混上兩年，你會連自己的母語都不
　　　　懂了。

安東尼：再會，這麼說來我得多講話才行了。

瓜添諾：謝了，眞的，因爲萎靡不振只適合乾扁的牛舌和賣
　　　　不掉的女人。

　　　　（瓜添諾和羅仁佐同下。）

安東尼：這是怎麼回事啊？

巴薩紐：瓜添諾廢話之多，全威尼斯沒有人比得上。他要講
　　　　的東西是藏在石糠裡的兩粒麥子；得花上一整天才
　　　　找得到；等找到了，又覺得白費了功夫。

（第一場第一景）

　　巴薩紐這段話精彩的說出了，我的標題裡提到語言無
法抵達的地帶，如果以精神分析術語來說，是接近前述那些
infantile psychosis的領域。雖然孩童或成人會嘗試以後來
習得的語言，嘗試說明那些難以描繪或覺得莫名，找不到名

字來說明的心理地帶。因此外顯上看來有著嘗試說明，但當事者或聽者卻常覺得，難以了解或不可思議的困惑或謎題。這些說明可能並無法抵達那些困惑的地帶，使得我們的詮釋難以真正觸及那些謎題般的地帶，因此常是有了答案後，卻很快就覺得不是那個，因而再度陷在重複另追尋其它答案的困局裡，也就是在有了某答案後，可能馬上另有新的謎題浮現，而變得需要其它的答案。

例如，我們希望可以有智慧地處理問題，「要得到智慧，主要有賴於人類克服原始自戀，並接受自己身體、智能與情感力量的限制。或許可以將智慧定義為高級智能歷程，與伴隨放棄自戀需求之心理態度的混合。擁有想法，能夠幽默，接受無常，都無法單獨形成智慧。三者必須共同組成一個新的心理群集，超越個別的情感或認知特質。智慧因此或許可以被定義為，人格中對生命與世界的穩定態度……」（Kohut, H. (1966). Forms and Transformations of Narcissism. JAPA., 14: 243－272）

「要得到智慧，主要有賴於人類克服原始自戀……」不過這裡主要有賴於克服自戀被當做是起點，只是自戀卻是最困難處理的心理現象，雖然是很容易察覺對方或自己有著自戀。這是過於從意識層次來看待自戀，雖然它所指的是「原

始的」心理領域，那是言語難以抵達的地帶，不是可以輕易被自覺的原始心理地帶。例如一般指出他人有自戀時，幾乎很少會帶來促進思考的功用，而只是聽者覺得被攻擊，或者只覺得說者莫名其妙，不知在說什麼。這是怎麼回事？不能再只以對方是阻抗，這種便宜的說法來阻擋我們再細思，這些現象裡隱含的嬰孩式精神病的跡象。

以及說者何以有著常見的錯覺，以為自戀是如此清楚了，何以對方卻視而不見呢？這是各自有盲目，各自看見了想看的，卻盲目於看見的旁邊，還有著什麼？畢竟這些原始的情感，是位於碎片散滿地的某個地方，以為看見了什麼，卻忘了自己是忽略它周遭，才會有清楚看見自己看見的，如同看向對岸的叢花雜草裡，看見某些花草構成了某種動物的外型。對著自戀這個原始東西，要知道自己潛在的恨意，如反移情的恨意，也許這也反映著，莎士比亞在建構《威尼斯商人》這部戲時的智慧，高級智能的發展，是生理加上努力，而放棄自戀是不易的，需要的是對於恨有更深刻的體會。

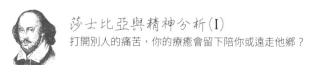

結語

　　最後，值得提醒的是，不論我們使用哪個字眼，例如
自戀、原始、失落等，都是意味著那裡是個受苦的紀念碑，
後來說著故事就像是在紀念碑上刻下文字，述說這裡曾有生
命，這裡曾有辛苦和苦難。但這些文字能夠完全代表當年的
受苦嗎？或者這些與原始的失落受苦裡，有著後來人生呈現
出來的恩怨情仇，但後來的語言都只能在外圍揣摩，面對這
種處境需要什麼態度呢？在精神分析史裡，有著分析的態度
和中立的態度，我們在這裡藉由《威尼斯商人》這部戲，來
想想幽默的態度可以有著什麼位置？這是開放命題，我們只
是先引進這想法，仍需要回到診療室的工作裡，來來回回的
鍛鍊，才知它的真正用處。

【講員介紹】
蔡榮裕

精神科專科醫師

前松德院區精神科專科主治醫師

臺灣精神分析學會名譽理事長

臺灣醫療人類學學會會員

高雄醫學大學阿米巴詩社社員

松德院區《思想起心理治療中心》心理治療資深督導

聯絡方式：roytsai49@gmail.com

附錄一

【薩所羅蘭】精神分析的人間條件3（以線上視訊方式）
[莎士比亞與精神分析]薩莎系 1
標題：打開別人的痛苦，你的療癒會留下陪你或遠走他鄉？
時間：2021.07.18, 08：30-17：00（08：30-09：00線上報
　　　到）

主題：
上午：佛洛伊德和克萊因，找《李爾王》談診療室裡詮釋如
　　　何形成？
下午：佛洛伊德和溫尼科特，替《威尼斯商人》的失落探尋
　　　幽默態度的出路？

講員：
上午：邱錦榮、王明智、陳瑞君、陳建佑、王盈彬（主持
　　　人：蔡榮裕）
下午：邱錦榮、吳念儒、劉玉文、劉又銘、蔡榮裕（主持
　　　人：王盈彬）
（邱錦榮：臺灣大學榮譽教授、前台大文學院副院長、莎士

比亞專家）

子題：

〔佛洛伊德和克萊因，找《李爾王》談診療室裡詮釋如何形成？〕

1.0900-1010《李爾王》：愛的言說與試煉（邱錦榮）

2.1010-1045 三個匣子打開的愛情三角關係：我們形成詮釋的過程涉及的團體動力（王明智）

3.1045-1120 詮釋潛意識的幻想：你說的是對的，但對我沒有什麼意義（陳瑞君）

4.1120-1155 小丑愛說笑的客製化意義：不同故事的詮釋相互交媾成語言的亂倫（陳建佑）

5.1155-1230 詮釋都有著冒犯自戀國王的高風險：會有個「李爾王情結」之類的嗎？（王盈彬）

〔佛洛伊德和溫尼科特，替《威尼斯商人》的失落探尋幽默態度的出路？〕

6.1330-1440《威尼斯商人》：三個匣子和一磅肉（邱

附錄二

　　疫情下，我們還是來了，無法現場工作坊，就轉身以網路線上的身段，來展演我們的文字和想法。我們知道這是挑戰，但是我們決定一試。原本報名者仍算數，但由於網路型式，因此可以容納更多人參與，歡迎有興趣者報名。

【薩所羅蘭】精神分析的人間條件3
[莎士比亞與精神分析] 薩莎系1
標題：打開別人的痛苦，你的療癒會留下陪你或遠走他鄉？
時間：2021.07.18, 09：00-17：00（08：30-09：00線上報
　　　到）

　　如果你已經在先前報名預訂五月舉行，但因疫情而延期的這場活動時，感謝各位的報名參加，如果您可以在新訂的2021.07.18，並以線上的方式參加，您是不必做任何動作，我們會直接爲您保留位置（收到此信表示已經報名成功，無須重複塡寫新的報名表單）。如果您該日無法前來，就請回覆您無法來。謝謝您的合作協助。我們歡迎您持續注意和參加薩所羅蘭的未來活動。至於付費方式，請參考以下的說明。

　　另關於新報名者：

　　疫情下，我們還是來了，無法現場工作坊，就轉身以網路線上的身段，來展演我們的文字和想法。我們知道這是挑戰，但是我們決定一試。

　　我們採取很不同的方式，請先報名，但不必先繳費。因為不想處理您臨時無法來的退費，那很麻煩且擾人，原諒我們想要優雅啦。

　　因此我們決定，您在活動結束後才繳費，但並不是你聽得高興或覺得有五成的收穫才付費喔，而是你參加了也上線，而且在留言上寫下你的姓名（和報名單上相同）送出，就請在結束後全額繳費喔。由於改線上方式，因此不論先前已報名或新報名，都是採取「早鳥價」。我們想要嘗試和聽眾維持這種相互信任的方式。

　　在工作坊前一天或更早，我們會寄出上線的連結給報名者。

　　期待您全程參與，如果中途想跟您的狗狗或貓貓玩一下，我們是擋不住的啦。不過記得還要再回來聽喔，因為您離開的時間並不能扣掉參與費用喔，哈。

　　在工作坊前寄給各位連結時，我們會再有說明參與的方式。希望你的寬頻是夠的，因為寬頻不夠而無法好好收聽，

會是很可惜的，好吧，歡迎您喔。

【費用】：

　　1.學生：800元

　　2.其他：1200元

　　3.臺灣精神分析學會會員：五位免費名額，額滿後請由[一般報名表單]報名，費用如其他或學生身分者。（如果報名者是在限額免費者，確定無法參加時，請盡早告知，我們會依報名順序，把名額由較早報名者接替。）

【報名入口】：

　　付費方式請看報名表格（如下方）

　　表單有兩種，分[一般報名表單]和[臺灣精神分析學會會員限額表單]。

　　（臺灣精神分析學會會員免費額度額滿後，就設定無法再填表格，煩請改至[一般報名表單]）

　　歡迎大家，謝謝你們的參與！

臺灣精神分析學會會員免費限額報名表單：

一般報名表單：

1. 只要您確實填寫表單，按下「提交」，並且畫面顯示
   「我們已經收到您回覆的表單」，即代表報名成功
2. 請留意收件，報名成功者，將於活動前一日或幾日
   前，收到寄發的行前通知信
3. 洽詢：【薩所羅蘭】
   freudbionwinnicott@gmail.com

薩所羅蘭　走向潛意識的所在
https://www.freud0506.com

附錄三

談莎士比亞，對我們來說，不是要認識莎士比亞而已，我們更在意，如何透過這些經典戲碼，來讓我們看見臨床實作過程裡，某些重要經驗的深入描繪。

在前台大文學院副院長，莎士比亞專家，邱錦榮榮譽教授的前導下，我們走回診療室，從和個案互動的角度出發，談論診療室裡詮釋的形成，以及在診療室裡除了中立態度和分析態度外，幽默態度的位置？人有多少種療癒感？生活上各式的療癒感後，為什麼仍是迷惘和失落呢？好像有著永遠走不完的路。

佛洛伊德的論文引用莎士比亞的分量是驚人的，他引用戲劇來說明精神分析實作過程的發現，我們在一百多年後，除了重回佛洛伊德，尋找他使用莎士比亞的方式外，此刻我們想更進一步，加進克萊因（M. Klein）、比昂（Bion）和溫尼科特（D. Winnicott）等人的重要論述，來看莎士比亞的戲劇，和精神分析實作過程，兩者想像之間的關係。

附錄四

薩所羅蘭團隊：

【薩所羅蘭的山】

陳瑞君、王明智、許薰月、劉玉文、魏與晟、陳建佑、
劉又銘、謝朝唐、王盈彬、黃守宏、蔡榮裕

【薩所羅蘭的風】（年輕協力者）

李宛蓁、魏家璿、白芮瑜、蔡宛濃、曾薏宸、彭明雅、
王慈襄、張博健、劉士銘。

【薩所羅蘭的山】

陳瑞君

諮商心理師

《過渡空間》心理諮商所所長

臺灣精神分析學會會員

臺灣醫療人類學學會會員

臺灣精神分析學會推薦精神分析取向心理治療師

臺灣精神分析學會《台北》心理治療入門課程召集人

松德院區《思想起心理治療中心》心理治療督導
國立臺灣師範大學教育心理與諮商所博士班研究生
聯絡方式：intranspace@gmail.com

王明智
諮商心理師
臺灣精神分析學會會員
《小隱》心理諮商所所長
臺灣精神分析學會推薦精神分析取向心理治療師
臺灣精神分析學會影音小組召集人
松德院區《思想起心理治療中心》心理治療督導

許薰月
諮商心理師
巴黎七大精神分析與心理病理學博士候選人

劉玉文
諮商心理師
看見心理諮商所 治療師
企業／學校／社福機構 特約心理師 及身心健康講座、

藝療淨化工作坊 講師

臺灣精神分析學會會員

聯絡方式：backtolove99@gmail.com

魏與晟

臺北市聯合醫院松德院區諮商心理師

臺灣精神分析學會會員

精神分析臺中慢讀學校講師

松德院區諮商心理實習計畫主持

國立臺北教育大學心理與諮商研究所碩士

謝朝唐

精神科專科醫師

中山大學哲學碩士

巴黎七大精神分析與心理病理學博士候選人

劉又銘

精神科專科醫師

台中佑芯身心診所負責人

臺灣精神分析學會推薦精神分析取向心理治療師

精神分析臺中慢讀學校講師

聯絡方式：alancecil.tw@yahoo.com.tw

陳建佑

精神科專科醫師

臺灣精神分析學會會員

精神分析取向心理治療師

高雄市佳欣診所醫師

聯絡方式：psytjyc135@gmail.com

王盈彬

精神科專科醫師

精神分析取向心理治療師

臺灣精神醫學會會員

臺灣精神分析學會會員

臺灣精神分析學會《台南》心理治療入門課程召集人

英國倫敦大學學院理論精神分析碩士

王盈彬精神科診所暨精神分析工作室主持人

聯絡方式：https://www.drwang.com.tw/

黃守宏

臺北醫學大學附設醫院精神科暨睡眠中心主治醫師

臺北醫學大學醫學系專任講師

臺北醫學大學學生事務處學生輔導中心主任

臺灣精神分析學會會員

臺灣精神分析學會台北春秋季班講師

松德院區《思想起心理治療中心》心理治療督導

美國匹茲堡大學精神研究中心訪問學者

蔡榮裕

精神科專科醫師

前松德院區精神科專科主治醫師

臺灣精神分析學會名譽理事長

臺灣醫療人類學學會會員

高雄醫學大學阿米巴詩社社員

松德院區《思想起心理治療中心》心理治療資深督導

聯絡方式：roytsai49@gmail.com

國家圖書館出版品預行編目資料

莎士比亞與精神分析(I):打開別人的痛苦,你的療癒會留下陪你或遠走他
鄉?/邱錦榮, 王明智, 陳瑞君, 陳建佑, 王盈彬, 吳念儒, 劉玉文, 劉又銘,
蔡榮裕合著. --初版.--臺北市:薩所羅蘭分析顧問有限公司,2022.11
　　面; 公分---【薩所羅蘭】精神分析的人間條件 06
　ISBN 978-626-95788-6-3(平裝)
　1.CST: 精神分析 2.CST: 文學評論
　175.7　　　　　　　　　　　　　　　　　　　　111013352

【薩所羅蘭】精神分析的人間條件 06

莎士比亞與精神分析(I)
打開別人的痛苦,你的療癒會留下陪你或遠走他鄉?

作　　者	邱錦榮、王明智、陳瑞君、陳建佑、王盈彬
	吳念儒、劉玉文、劉又銘、蔡榮裕
校　　對	白芮瑜、張博健
發 行 人	陳瑞君
出版發行	薩所羅蘭分析顧問有限公司
	10664臺北市大安區和平東路二段201號4樓之3
	電話:0928-170048
設計編印	白象文化事業有限公司
	專案主編:陳逸儒　經紀人:徐錦淳
經銷代理	白象文化事業有限公司
	412台中市大里區科技路1號8樓之2(台中軟體園區)
	出版專線:(04)2496-5995　傳真:(04)2496-9901
	401台中市東區和平街228巷44號(經銷部)
	購書專線:(04)2220-8589　傳真:(04)2220-8505
印　　刷	基盛印刷工場
初版一刷	2022年11月
定　　價	350元